『ドライブ・マイ・カー』論

佐藤元状・冨塚亮平 編著

Motonori Sato / Ryohei Tomizuka

Drive My Car:
Essays on Hamaguchi's Cross Media Vehicle

慶應義塾大学出版会

はじめに

佐藤元状

二〇二一年は、今振り返ってみると、とても苦しい一年間であった。コロナ禍も二年目に入り、みんなくたびれていた。出口のようなものも見えず、暗いニュースばかりだった。私の生活も荒んでいた。新年早々に体調を崩し、この年の前半に三度も入院した。六月には、敬愛する友人の原宏之さんを失った。心身ともにつらい日々が続いた。

だから濱口竜介監督の『ドライブ・マイ・カー』の国際的な大躍進は、私にとって希望の光だった。同年七月のカンヌ国際映画祭での脚本賞、国際映画批評家連盟賞、AFCAE賞、エキュメニカル審査賞の受賞は、我が事のように嬉しかった。その後も濱口監督の破竹の勢いは止まるところを知らず、翌年三月の米国のアカデミー賞では、国際長編映画賞の受賞という快挙を成し遂げた。

『ドライブ・マイ・カー』の日本での劇場公開は、二〇二一年八月二〇日だった。私はこの日を待ち侘びるとともに、実際に劇場に足を運ぶことをひどく恐れた。原作の村上春樹の短編小説は何度も読んでいたので、物語のプロットは想像がついた。それは間違いなく「喪失」を主題とした物語になるに違いない、と推測した。だが、私が恐れていたのは、村上の喪失のプロットではなく、私たちの心に研ぎたてのナイフのように鋭く切り込んでくる濱口の演出術であった。もちろんこの映画を観たかった。でも自信がなかった。私は傷ついていたからだ。

私は悶々とした日々を過ごした。劇場公開から二か月以上が過ぎた。そして私はとうとう重い腰を上げた。一一月一日に日比谷のTOHOシネマズシャンテに出かけ、待ちに待った映画作品と対面を果たしたのである。予想通り、ナイフは鋭かった。何度も私の身体に当たり、皮膚を切り裂いた。だが、そこから溢れ出したのは、血だけではなかったのである。濱口監督の映画は、コロナ禍の二年間弱の間に知らず知らずのうちに溜まっていた膿のようなものを切開して、放出してくれたのである。

遅ればせながら、私はこの映画について仲間たちと語り合いたくなった。しかも本気で。

＊

かくして二〇二二年六月一八日に慶應義塾大学日吉キャンパスで、*Drive My Car*: A Symposium on Hamaguchi's Cross-Media Vehicle と題する国際シンポジウムを開催することになった。対面の参加者にオンラインの参加者を加えると、二百名以上の来客に恵まれた大規模なイベントとなった。濱口監督からは、オープニングのメッセージを頂戴した。本イベントの開催を祝福していただくと同時に、作品に対するどのような批判も歓迎するという寛大なお言葉をいただき、私たちは安心して、作品について丸一日かけて、正直に、誠実に議論し合った。本書はこのシンポジウムの内容を日本語にまとめ直したものである。

本シンポジウムは、D・A・ミラー、斉藤綾子のダブル基調講演に加えて、メアリー・ウォン、ロバート・チェン、ファン・ギュンミン、藤城考輔、伊藤弘了、冨塚亮平、佐藤元状の七名の研究発表から成り立っており、アメリカ、日本、香港、台湾、韓国と、国境を超えた多言語的、多文化的なキャスティングを意識した布陣になっている。私たちがこのような戦略を立てたのは、ひとえに『ドライブ・マイ・カー』の多言語的、多文化的な世界観に真摯に応答するためである。国籍や地域、ジェンダーや年代など、多様性を意識したキャスティングを心がけたつもりである。

発表言語は、英語に絞った。発表者の使用言語を考慮に入れると、それが一番妥当に思われたからだ。しかし、私たちはこのシンポジウムの内容を日本語でまとめ直し、書籍化することを最初から目論んでいた。いや、正確には、最初に私たちのローカル言語である日本語版を作成し、その成果を世に問うたうえで、中国語版、韓国語版、そして英語版を生み出していきたい、と構想してきたのである。英語というグローバルな言語での流通を最終的な目標とするのではなく、この支配的な言語を、あくまでアジアのローカルな言語での分散の踏み石として使っていきたい、と私たちは本気で考えているのだ。シンポジウムの題名に含まれている「メディア横断的な表現媒体」（Cross-Media Vehicle）という言葉には、言語横断的な国際交流を推進していきたいという私たちの思いが込められている。

*

本書をまずはこの困難な時代をともに生き延びてきた（あるいは残念にもそうできなかった）日本語のすべての読者に捧げたい。

*

最後に本書の作成に欠かすことのできない大事な貢献をしてくださったみなさんに謝辞の言葉を述べさ

せていただきたい。

本書には上述の九本の論考のほかに、三本のインタビューが含まれている。お忙しいなか私たちのインタビューに応じてくださった広島フィルム・コミッションの西崎智子さん、文化庁の岩瀬優さん、戸田桂さん、村田佐織さん、そして映画監督の濱口竜介さん、本当にありがとうございました。

特に濱口監督には、貴重な時間を割いていただき、本書の論考のゲラに目を通していただいたうえでインタビューに臨んでいただいた。緊張感のある濃密な議論ができたのは、ひとえに濱口監督の冷静で情熱的な知性によるものである。心より感謝申し上げたい。

濱口監督との窓口になっていただいたNEOPAの高田聡さんにも深く感謝したい。

また本シンポジウムの開催に当たっては、慶應義塾大学教養研究センター、三田文學編集部、慶應義塾大学出版会のみなさんに大変お世話になった。池本晶子さん、鈴木知子さん、粂川麻里生さん、岡英里奈さん、安井元規さん、喜多村直之さん、そして奥田詠二さん、本当にありがとうございました。

本書の執筆陣のみなさんにも心より感謝したい、ミラーさん、斉藤さん、ウォンさん、チェンさん、ファンさん、藤城さん、伊藤さん、冨塚さん、最後までお付き合いいただき、ありがとうございました。装丁をご担当いただいた李潤希さんにも感謝します。

最後に感謝したいのは、R.E.M のみなさんである。この恥ずかしいチーム名は、私が勝手に拵えたものである。Ryohei Tomizuka, Eiji Okuda, Motonori Sato の三人のファースト・ネームの頭文字を合わせたものなのだが、そしてこのコード名でずっと公式に活動してきたのだが、冨塚さん、奥田さんは最後までこの名称に乗り気でなかったようだ。しかし、構わない。私たちが強力なチームであることに変わりはないからだ。冨塚さん、奥田さん、お二人と仕事ができて、本当に良かったです。ありがとうございました。

目次

はじめに（佐藤元状） i

『ドライブ・マイ・カー』のせいで気が狂いそうだ
D・A・ミラー（佐藤元状訳） 3

『ドライブ・マイ・カー』を斜めから読む　斉藤綾子 31

インタビュー①　『ドライブ・マイ・カー』と広島
（西崎智子氏［広島フィルム・コミッション］） 67

バザンへの回帰――『ドライブ・マイ・カー』における「ワーニャ伯父さん」
ロバート・チェン（冨塚亮平訳） 85

越境する赤いサーブ——濱口竜介の『ドライブ・マイ・カー』論
ファン・ギュンミン 103

『ドライブ・マイ・カー』、あるいは悲しみと過ぎ去った世界について
メアリー・ウォン（佐藤元状訳） 121

インタビュー②『ドライブ・マイ・カー』と映画振興事業
（文化庁参事官〔芸術文化担当〕） 137

他者の声を聴け——『ドライブ・マイ・カー』における他者性の構築と受容
藤城孝輔 151

世界の循環と生の反復
——映画『ドライブ・マイ・カー』における水の主題系と音を伴う回転のモチーフ
伊藤弘了 165

アダプテーションの終わりに向かって
――濱口竜介の『寝ても覚めても』と『ドライブ・マイ・カー』における翻訳の始まり　佐藤元状　181

見つめることと触れること――『ドライブ・マイ・カー』における抱擁　冨塚亮平　199

インタビュー③　論考への応答（濱口竜介監督）　215

おわりに（冨塚亮平）　241

『ドライブ・マイ・カー』論

『ドライブ・マイ・カー』のせいで気が狂いそうだ

D・A・ミラー
佐藤元状（訳）

一九八〇年代末のことだろうか、ジェイン・オースティンに関する一連の講義の草稿を書いていたときに、私は彼女の小説の朗読カセットテープをまとめて購入した。それから数か月間というもの、私の古くさい赤いホンダに乗り込むときはいつも、カセットテープをカセットデッキに差し込み、オースティンの散文を朗読するイギリス人の気取った声を旅のお供としたものだった。よく知っているオースティンの作品をさらによく知るようになることが、その目的だった。理論的には——あるいは、そのように私は想像した——『エマ』のカセットテープは、小説の一気読みのようにその展開を把握する、他では味わえない経験を提供するものだった。もし駐車場で始まりから終わりまで小説の朗読を聞いているだけだったら、ひょっとしたら、そのような経験が私にも訪れたのかもしれない。しかし、実際には「運転しながらカセットテープを聴くこと」は、別物だった。道路の運転は多くの集中力を要求したし、眠気を誘う運転のリズムに図らずも身を任せてしまい、上の空になってしまうこともあった。聞いていた内容から偶然、副次的に空想が生み出されるのは、言うまでもない。多分、私にはドライバーが必要だったのだ！　しかし、たとえもしもっとよく注意したとしても、私に車内で通常こなせるのは、せいぜい二章分だった。完全に没入するなど論外で、できることといえば、次々に現れる障害をただ上の空で飛び越えていくだけだった。このような切り刻まれた状態にされると、オースティンの見慣れた長大な小説は、ほとんど走馬灯のように奇妙な細部や言い回しばかりで、しばしば内容を認識できなくなってしまうのだった。一時的な中断の後、前後の文脈を復元しようと思って、運転席からカセットテープを巻き戻そうと試みても、この断片的な状況は悪化する一方だった。しかしおそらく皆さんは、車とカセットテープと私の間の、この境界線上の錯乱した相互作用を物語ることによって、私が何を言わんとしているか、見当がついていることだろう。私はこれほどオースティンの作品と激しく——あるいは親密に——向き合ったことはなかったのである。いつものように彼女の言語に心地よくのめり込んでいくことはできなかった。そうではなく、彼女の言語が割れたガラスの破片のように私に切り込んできたのだ。

＊

このような個人的な前置きから話を始めたのは、主として、なぜ私自身が『ドライブ・マイ・カー』を「運転しながらカセットテープを聴くこと」を主題とした映画として観たがるのかを説明するためである。濱口竜介監督の作品についてのもっと有益な論考がこの後に続くことになる——と私は期待する——が、こうした論考も、私がどれだけ気も狂わんばかりにこの映画に共鳴しているかを、さらに一層はっきりと伝えてくれることだろう。なぜならば、究極的にはそのような熱狂的な一体感こそ、この講演のために私が選んだ主題なのだから。私は主に『ドライブ・マイ・カー』を、断片的なテキスト——実際に私たちに切り込んでくる唯一のもの――がしばしば引き起こす、精神の「多孔性」という傷つきやすい状態を研究したものと捉えたが、この多孔性は諸刃の剣である。明らかにそれは、トラウマを抱えた二人の登場人物に焦点を合わせ、この映画の救済のプロットを起動する。チェーホフの「ワーニャ伯父さん」のテキストがこの二人を貫通し、彼らはお互いを思いやることを学習するのである。だが、これから私が主張していくように、本来、それはこの啓発的な結末のために――あるいは何か他の結末のために――作り出されたわけではない。根本的に、それは無意識の反応能力のことを指しているのであり、その発生と帰結が予測不可能なために狂気を生み出しているのだ。最初に強調しておきたいのだが、映画のなかでその媒体もしくは動機となっているのは、私たちが本で読んだり、舞台で観たりしたことのある「ワーニャ伯父さん」ではないということだ。それは細切れにされた「ワーニャ伯父さん」であり、それらの小片が正しい順序で登場することさえないのである。このように切り刻まれた濱口の「ワーニャ伯父さん」は、自然に展開する美的な全体性として現れる可能性とも縁を切るのである。私たちは、この断片的なテキストがそのようなものとして機能しているのを二つの主要な場で目撃する。主人公の家福《かふく》が「ワーニャ伯父さん」のカセットテープを聴く車内の空間と、家福がその劇の演出のために役者たちを訓練するリハーサルの空間の二つである。一つずつ見ていくことにしよう。

＊

車内の空間から始めることにしよう。このカセットテープは家福の妻である脚本家の音《おと》が制作したものであるが、その目的は、彼が来るべき「ワーニャ伯父さん」の公演で主役のワーニャを演じるための準備

図1　暗闇から立ち現れる音の声と身体

を手助けする点にあった。彼女が彼の台詞を除いたすべての部分を読み上げるのだが、彼の台詞のところで、彼が台詞を読み上げるのにちょうど必要な時間だけ小休止するのだった。カセットテープが彼の出番の理解に役立っているのか、完全にはわからない。上演は多言語であるし、合図となる台詞は日本語ではないはずだ。さらに言えば、彼はすでに自分の台詞を暗記しているのだ。おそらくそれは、村上春樹が原作で暗示しているように、公演前の神経を落ち着かせるためのものなのだ。それは間違いなく、家福と音のセックスにまつわる儀式――二人の調和的な交わりの拡張部分――の代替物ともなっているのだ。彼女の録音された声は、最初暗くなった彼の車内から聞こえてくるが、それは私たちに、そればかりか彼にも、映画の冒頭部で、性欲に突き動かされた彼女の語りが二人のベッドルームの暗闇からいかに立ち現れてきたのかを思い起こさせる（図1）。それこそが、彼女の死から数年後、彼が広島で再び「ワーニャ伯父さん」の多言語劇を演出している――出演は見送っている――際に、まだ車内でカセットテープを聴くことに固執している主たる理由なのだ。だが、彼の説明の仕方は異なっている。「僕のやり方は、戯曲の流れを本当に全部頭に入れておく必要がある。だからうんざりするほど聴く」。これに必要な車内時間を確保するために、彼の宿泊先は、リハーサル現場からかなり離れた場所に設定されているのだ。根底にある想定は、全体性の魅惑的な経験――それは美学的かつ精神的なものなのだが——において、カセットテープの連続的な前進は自動車の滑らかな運動と結びつくというものだ。濱口はこのアイデアを回転するタイヤと（音が録音していると家福が想像する）回転するカセットテープのリールの間の類比的なクロスフェードによって強調する（図2）。物語的には、これらの二つの回転は前に進む力を持っている。カセットテープは最終的には「ワーニャ伯父さん」の終わりに辿り着くだろうし、自動車も目的地に辿り着くだろう。しかし視覚的には、それらが映し出すのは、揺りかごの運動のような反復であり、それは常に同じものなのだ。こうした複合的な状況下では、それらは双方の世界の最善のものを提供しているように見える。つまり、勢いと同一性である。

この映画においてわずか数分間、物事はこうした滑らかな、心が落ち着くようなパターンに従っていくように見える。初めに家福はカセットテープをカセットデッキに差し込み、成田まで車を走らせる。ロシアの演劇祭に参加するため、成田から飛行機に乗る予定なのだ。だが、ターミナルに到着する頃には、第一幕の途中でもカセットデッキのスイッチを切らなくてはならない。車から手荷物を降ろし、空港に駐車しなくてはならないからだ。そしてそれは希望通りの展開の妨げとなる一連の出来事の始まりに過ぎないのだ。フライトが延期となったため、家福は家に帰るが、そこで妻が高槻（彼女の新しいテレビドラマに出演しているハンサムな若手役者）とセックスしている場面を目撃してしまう。彼は気づかれないように家を出ていき、成田まで再び車を走らせ、空港近辺のホテルに宿泊する。私たちが次に彼がカセットテープを聴いているのを目にするのは、一週間後に海外出張から戻ってきた彼が車で帰宅する場面である。

図2　車のタイヤとカセットテープのリール

図3　起こるべくして起こった事故

ワーニャを演じる家福：要するに二五年間、あいつは人様《ひとさま》の地位にふんぞり返っていたというわけだ。あの偉そうな歩き方、まるで殿様気取りじゃないか。

カセットテープ：どうやら君、やっかんでいるんだな。

ワーニャを演じる家福：ああそうとも、大いにやっかんでいるさ。やつの女運の強さときたら、いかなるドン・ファンといえどもあれほど百戦錬磨とはいかない。やつの最初の細君、つまり僕の妹だけれどそれはすばらしい――

すると突然、車とカセットテープの勢いが劇的に失われてしまう。家福が自動車事故に遭ったのである（図3）。事故が、今――つまり、テキストが新たな意外なやり方で、彼の台詞やその合図となる台詞としてではなく、彼自身の精神に逆巻くモノローグとして、彼に宿り始めたまさにそのときに――起きたのは、偶然ではない。ワーニャが教授を羨望する上述の引用箇所のせいで、家福は高槻に対する自身の羨望を表明せざるを得なくなるのである。チェーホフのテキストと家福の感情のそれ以外の一致は、これほど率直なものではないが、それだけ一層強い印象を呼び起こすものとなっている。教授が四半世紀も「人様の地位にふんぞり返っていた」という一文を例に取ってみよう。この部分は、若い高槻と年老いた教授の間の平行関係を支えることはほとんどできていないが、それは家福自身が感じている中年の危機のようなものを拾い上げているのである。あたかも家福が三人称で自分自身について語っているかのように。同時に、それはまた音のおそらくは長年にわたる不貞を示唆しているのである。郷愁をそそる「最初の細君、つまり僕の妹」という台詞が、家福がかつて音を理想化することができた頃の音の霊を呼び出すのとまさに同じように。テキストは気が狂ったように家福の精神をそれ自身と結びついたもので覆い尽くすのである。または逆なのだろうか？　つまり、今や彼の精神は、テキストが問いかけているのかもしれないし、そうではないのかもしれない、あらゆる偶発的な提案を簡単に信じるよう訓練されているということだろうか？　この相互浸透的な関係において、テキストが家福の考えていることを腹話術で話しているのか、それとも反対に彼の思考を決定しているのか、といった問題を判断することは不可能である。多孔性の状態において、アレサ・フランクリンの歌う「狙ってたのはアタシの方よ！（“Who's Zoomin' Who?”）」という問題は、論証不能の状態にとどまっている。この例は、いかにチェーホフの壊れたテキストが『ドライブ・マイ・カー』に干渉するのかをよく表している。戯曲全体の美的な統一性から切り離されたテキストは、縮約されたシナリオを提供することによって、本題を離れたファンタジーを誘発する。精神分析家のジャン・ラプランシュが見事に理論化したように、ファンタジーが最も深く備給するのは、シナリオのなかの何らかの役割ではなく、シナリオそれ自体なのだ。つまりファンタジーは、あらゆるいかなる地点においてもシナリオに参入することができるのだ。家福の精神的な同一化は、羨望する男と彼の羨望の対象となる男の間で、また長い間偽りの生活を送る男と同じことをする妻によって裏切られた男の間で、状況に応じて変化するのである。

私の言葉の使用法では、「進行《フロー》」とは、着々と前進していくカセットテープに対する家福の滑らかで連

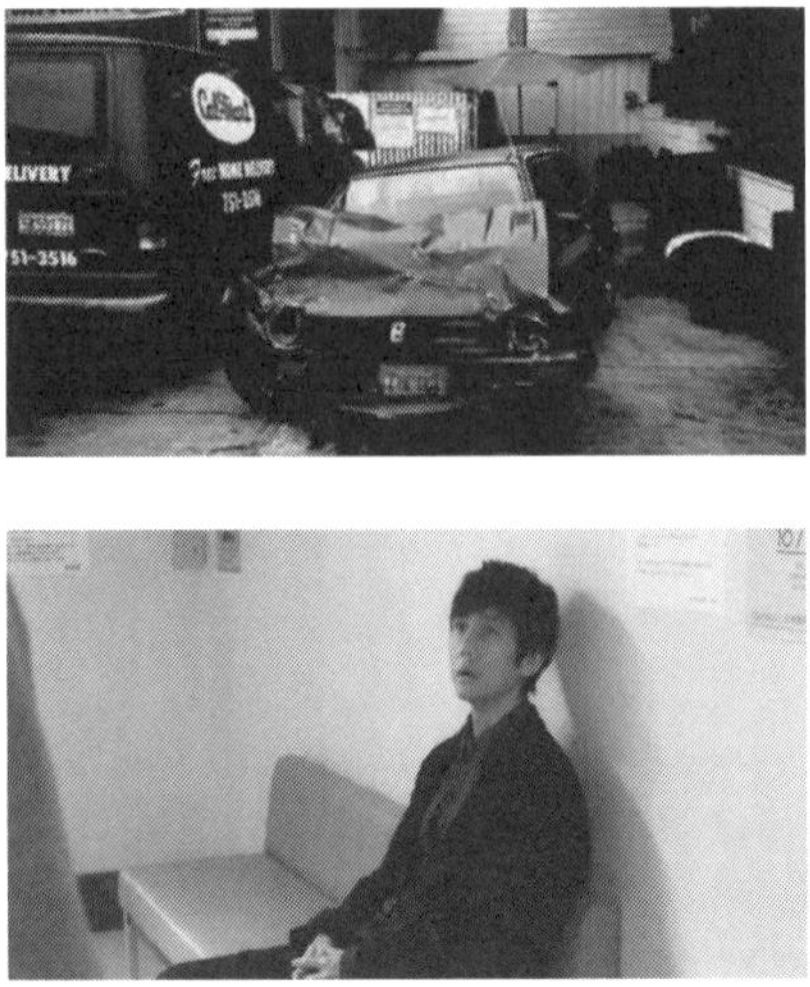
図4　古びた赤いホンダ

続的な、エゴに優しい関係を意味するのに対して、「多孔性《ポーラスネス》」とは、テキストの引用部分によって穴を穿たれた彼の精神が、その上に分散していく様子を示唆する。カセットテープの想像上の進行に対する信念を失った家福は、テキストとの浸透的な関係に陥っていく。あたかもこの浸透性が、長い間耐性があったにもかかわらず、彼が突然免疫を失った細菌性の感染症であるかのように。車だけでなく、運転者も損傷を受けていたのだ（図4）（怪我が回復し、ようやく警察の車庫に行けるようになると、私は事故でぶち壊した、古びた赤いホンダからオースティンのカセットテープを取り戻した。これらのカセットテープは、運転者としての過失を立証する証拠とはならなかったが、そのとき私が催眠的な状態にあったことに鑑みれば、そうなってもおかしくなかっただろう）。

＊

だが「進行《フロー》」がカセットテープ上では、たとえ実行不可能だとしても、理想のようなものとして提示されていたとすれば、家福がリハーサルを行う際のプロトコルにおいては、進行は好ましくないように思われるばかりか、敵として公言されている存在なのである。「テキストを読んでみよう」と、家福は役者たちに言うが、彼はまるでニュークリティシズムやディコンストラクションの厳格な批評家のようだ。「テキストを読むこと」が意味しているように思われるのは、テキストを、ドラマとしての勢いや言語としての生命力を失った死体のようなものとして扱うことである。このような過酷な貧弱化は、以下の三つの主要なやり方で達成される。

1　脱ドラマ化　家福のリハーサルを観ていても、「ワーニャ伯父さん」の演劇的な構造を正確に理解することは、絶対にできないだろう。家福も（彼の方法上の共犯者である）濱口も、この戯曲を忠実に決められた通りに展開していくことに関心がないからだ。それどころか、濱口は本読みの場面を途中から撮影し始める。そして本読みが自然な結末に到達する前に、濱口か家福のどちらかがそれを打ち切りにする。

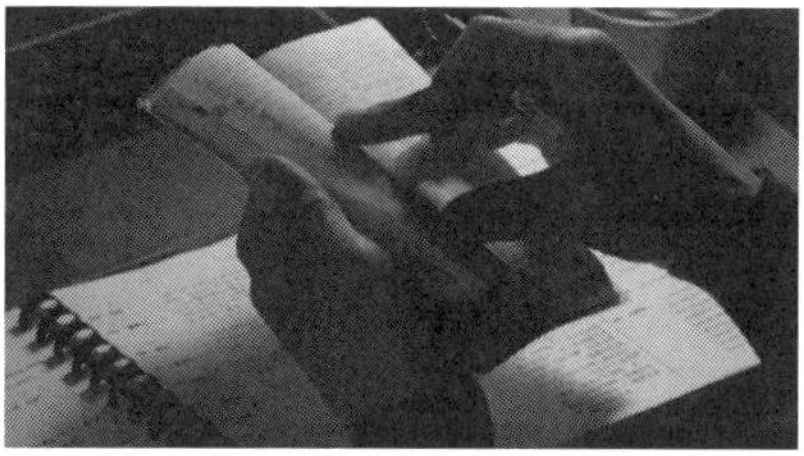

図5　テキストを読む家福

その合間に、家福は役者たちに指示を出したり、批判の言葉を投げかけたりすることによって、彼ら、彼女たちの朗読を絶えず中断していく。読み上げられた場面や、リハーサルで演じられた場面に関して言えば、それらの場面は、行き当たりばったりに続いているように見える。まるで寝る前に読んだチェーホフの戯曲が、ごちゃ混ぜになって、辻褄が合わない反復的なモチーフばかりの謎めいた夢に変成したかのように。

2　多言語化　上演作品には母語がない。登場人物たちは全員さまざまな言語を話している。そして上演は多言語で行われるものの、役者たちが数か国語に通じているわけではない。彼女たちはテキストの大部分を根本的に理解できない状態で聴いているのである。当然演出家は、二か国語辞典とともに、行間に翻訳のついた脚本の手助けを借りている（図5）。そして最後の公

図6　テキストを読む観客

図7　本読み

演では、世界中の観客が字幕の長いメニューに目を走らせ、自分にふさわしい翻訳を見つけることができるようになっている（図6）。しかし、これらの厄介な手段は――それらの使用者に文字通りにテキストを読むよう（テキストを聞いたり、声に出したりするのではなく、それを見つめるよう）強いるばかりで――それ自体、疎外感をもたらすものとなっている。そしてキャストのなかに唖者の韓国人女性ユナが含まれていることによって、我々の言語的な疎外感は極限に達する。彼女は韓国手話でコミュニケーションを行うが、それを理解したり、翻訳したりすることのできるのは、劇団顧問《ドラマターグ》でもある彼女の夫だけなのだ。「自分の言葉が伝わらないのは私にとって普通のことです」。

3　機械化された発声（図7）　朗読の際に、話し終わった役者は机をはっきりとコツンと叩かなくてはならない。それは言葉での合図を見逃してしまうと考えられる他者に対する有無を言わせぬ合図なのだ。この中断がプロセスを自動化する。台湾出身の女優ジャニスは「私たちはロボットじゃありません」と抗議するが、それこそがまさしく家福が彼女たちを訓練して作り出そうとしているものなのだ。彼は流暢さや雄弁や「演技」につながるどんな傾向も阻止し、役者はゆっくりと淡々と話すべきだと主張する。発話されているときでさえも、テキストは声の力を奪われているのだ。エレーナを演じるジャニスも、ワーニャを演じる高槻も、この手続きのせいでやる気をなくし、繰り返し、家福に助言を求めている。野心の足りない端役の登場人物たちは、この単調な朗読の最中に居眠りしてしまったとか、お経を聴いているようだと思ってしまったとか、ただ不平をこぼしている。

だが、私たちはどう見てもサモワールやテレーギンのギターが織りなす古風な趣のメランコリーとはかけ離れているものの、奇妙にもそれらの記憶はなかなかなくならないのだ。その理由は、この標題（機械化された発声）のような疎外効果は、そのグローバル化したポストモダニズムにもかかわらず、事物の中核をなすチェーホフ的エートスを再び要求しているからだ。「誰にも僕の気持ちはわからない」という台詞は、家福がカセットテープとの対話で朗読するワーニャの最初の台詞であるが、ワーニャの側の自己憐憫に過ぎなかったかもしれないもの（「つまんないわ」と、音のカセットテープは辛辣に言い返す）が、今やこの複数の言語を話すキャストのすべてのメンバーが置かれた歴然とした状況を物語っているのだ。彼ら、彼女たちは本当に自分自身の世界に閉じ込められており、自分自身を理解してもらうこともないまま、一つの自律したテキストの断片として、もう一つのテキストの断片に語りかけているのだ。「ワーニャ伯父さん」につきまとう唯我論的なオーラは、その上演の物質的条件に組み込まれているのだ。

つまり、これらのプロトコル自体がブレヒト的な目的なのではない。それらの体系的な干渉は、究極的には——感情の流れや言葉の流暢さを妨害するのではなく、それらを抑制してもっと根本的な形態に作り変えることを目的とする——弁証法的な策略となっているのだ。感情の流れは、堰き止められると、精神に穿たれた小穴を通じて噴出する。そして言葉の流暢さは、禁じられると、心からの叫び《クリーダカー》のような言語外の強度を獲得する。このことは公園での最初のリハーサルの場面で明らかになる。リハーサルのために選ばれたのは、いみじくも二人の対立する女性たち——若くて美しい軽薄な妻のエレーナ（ジャニス）と真価を認められていない善良な働き者のソーニャ（ユナ）――の間の和解の場面である。この場面は共感の月並みな身振りから始まるが、実際には、どちらの側もその感情を受け入れる準備ができていないのだ。
エレーナ：涙ぐんだりして、どうしたの？
ソーニャ：別に、何でも。なんだか勝手に出てきたの。
エレーナ：いいわ、もう。バカね、私まで涙ぐんだりして。
登場人物たちは泣いていると主張しているが、女優たちは涙をパントマイムで演じているだけなのだ。つまり、彼女たちは「境界線＝台詞《ラインズ》の内側に」自己抑制しているのだ。しかしこの不自然な精神的交流は、それに続く真の交流を支持しているように思われる。ユナが地面から一枚の葉を拾い上げ、それをジャニスに差し出す。するとジャニスは、ユナと話しながら、その葉っぱを指で回し始める。この出来事は、「ワーニャ伯父さん」には出てこないし（この場面は食堂に設定されている）、チェーホフの脚本は、この事件には言及していないが、もし言及されることがあれば、それは目立ってしまって、実際の対話（エレーナはピアノを弾きたい。ソーニャは彼女の演奏を聴いてみたい）を、私たちが目撃した指の動きのメタファーのようなものに還元してしまうことだろう。まことしやかに共有された涙とは異なり、この一枚の葉は、リハーサルを反復から独自の出来事へと変えてしまうのだ。「今、何かが起きていた」と、家福は一座に知らせる。「でも、それはまだ俳優の間で起きているだけだ。次の段階がある。観客にそれを開いていく」。
ユナは、「チェーホフ的治療法」とも呼びうるものがこの映画のなかで最初に最もわかりやすい形で具現化したものである。『ドライブ・マイ・カー』のほとんどの登場人物たちと同様に、彼女はトラウマを経験しているが、彼女の場合、それは流産であり、そのせいで彼女は文字通り動けなくなってしまい、ダンサーとしての仕事を再開することができなくなってしまったのだ。しかし、今や、彼女が言うように、「チェーホフのテキストが私の中に入ってきて、動かなかった体を動かしてくれます」。彼女がジャニスとのリハーサルの場面に持ち込むのは、この新たに発見された心身の可動性なのである。「このテキストにはそういうことを起こす力がある、っていうことだ」と、家福は信じている。しかし、その力から意図的に距離を置こうとしている点で、チェーホフ的治療法の最も劇的な例を提供するのは、家福本人である。「チェーホフは恐ろしい」と、家福は高槻に言う。「彼のテキストを口にすると、自分自身が引きずり出される。感じないか？」この上演で彼がワーニャを演じようとしないのは、かつてチェーホフのテキストが彼のなかに引き起こした感情の高まりにすっかり圧倒されてしまい、公演中に感情を抑えきれなくなってしまったことがあったからだ。もはや彼は「この役に自分を差し出す」ことができない。だがそうしない限り、彼は、自身にとってさえ、偽物の自分であり続ける。音の裏切りというトラウマを克服する唯一の方法は、ワーニャを演じることなのだが、（彼にとっては）幸福なことに、プロットは「ショーは続けなければならない」というよくある仕掛けに訴える――つまり、彼は実際にワーニャを演じることになるのだ。本稽古中に高槻が逮捕されたおかげで、家福は公演初日の夜に拍手喝采を浴びることになる。一方、車内で繰り返しカセットテープを聴いていた運転手のみさきは――自身の感情的なわだかまりを解決するための準備作業として――リハーサルに立ち会い、チェーホフのテキストを読み始める。運転手と乗客は、チェーホフの台詞の断片の間を二人で当てもなく彷徨っているうちに、ユナとジャニスが公園で作り出した共感と似たような共感を築き上げる。実際、二組のカップルは同じやり方で、つまり背後から相手を包み込むように抱擁しているのだ。コロナ時代に設定された結末《コーダ》がどれほど謎めいていたとしても、鍵となるいくつかの細部――食料品の入った大きな買い物袋、飼い犬、完全に遠くまで見渡せる道路で家福のサーブ900を運転しているときにみさきの顔に広がっていく微笑み――は、満ち足りた家庭生活を示唆している。何と言おうと、これこそがカタルシス後の結末なのだ。とうとう私たちは純粋な流れという幸福な状態に到達したのだろうか？

しかし、私たちが『ドライブ・マイ・カー』における描写と物語の間――狂気を生み出す多孔性を提示することとそれを阻止する救済のプロットを組み立てることの間――の構造的な矛盾を認識しなければならないのは、まさにここなのである。この上なくニュアンスに富んだこの映画作品が、心暖まる物語――それはこの映画の唯一の陳腐な要素である――を生み出すことにこれほど深く執着しているのは、不快なことだ。映画の誕生以来、私たちは、多彩な心理療法的プロットを通じて、二人の孤独な人間を感傷的なやり方で結びつける多くの映画作品を目にしてきた。実際、そうした作品の多くが、この映画と同様にアカデミー賞を受賞している（不可避の連想として、『ドライビング・ミス・デイジー』［一九八九年］や『グリーン・ブック』［二〇一八年］が思い浮かぶ）。私たちが目撃した痛ましいまでの精神の敏感な反応が、こうしたハリウッド風の運命を辿ることになるなんて予想もつかなかったのである。家福が音の不貞を知った後もカセットテープを聴いている場面や、もっと先の、「私たちの最後の時」をめぐるソーニャの最後のスピーチ（もちろん音の朗読である）までカセットテープを聴き終えてから帰宅した家福が（あたかも彼がその言い回しを耳にしてしまったがために、彼女の命運が絶たれてしまったかのように）妻が死んでいるのに気づく場面に見られる、苦痛を伴う、それどころか少し病的な描写――こうした超常的な現象は、自分自身を見つめ直し、自分と他者との関係を再構築するという時代遅れのヒューマニズム的経験の前置きに過ぎなかったのだ（時代は遡るが、日本の芸術映画である黒澤明の『羅生門』［一九五〇年］の結末では、急に赤ん坊が登場し、この映画の不穏な未解決の問題を、同じように説得力に欠けるやり方で葬り去る)。この驚くべき展開——「展開」という表現が機械仕掛けの神《デウス・エクス・マキナ》を表す正しい言葉だとすればだが——を作り出すために、ユナは女性として、妻として、料理人として、韓国人として、唖者として、犬の飼い主として、常に感傷的に描かれなければならなかったのだ。したがって、家福とみさきも「動けなかった状態から抜け出し、動き始めたい」のならば、二人は男と女として、つまり生まれ変わったカップルとして動かなくてはならないのだ。つまり、これらの進展は、主に正常性へのブレイクスルーなのであり、私たちが立ち戻ることになるのは、一般に受け入れられている物の見方ややり方なのだ。それらは多孔性を容認せず、それを阻止しようとする。だが、精神に穴が開いている状態というこの耐えがたい否定性は、この救済の命令とともに映画から消え去ったのではなく、中心的な場から外されただけなのである。私がこれから取り組みたいのは、その偽装された粘り強さなのだ。

何に偽装して？　とあなたは尋ねるかもしれない。私は二つの答えを提供する。第一に、この否定性は二重化され、高槻のキャラクターのなかにスピンオフされる——いやスピンオフされるために二重化されると言ってもよい。半ば報復として、半ば実験的に、いずれにせよまったくタイプに合っていないにもかかわらず、家福は高槻に自ら手放したワーニャの役を振り当てる。明らかに高槻は、私たちが社会的存在として越えてはならない一線を越えてくる。彼は既婚者の音とセックスをし、役者仲間のジャニスとも関係を持つ。そしてそれらの二つの出来事の間に未成年者と関わり合いになり、スキャンダルとなってしまう（彼は嵌められたと主張しているが）。また彼は承諾なしに自分の写真を撮った男を殺してしまうが、以前にも別の男を脅して、同じように勝手に撮影された画像を消去させている。問題は、彼の行動を擁護したり、非難したりすることではない。その行動の原因が、究極的には、ユナを理想的な人物としているのと同じ感情的な受容性にあることを認識することが肝要なのだ。家福が指摘するように、高槻に自制心が欠けているのは、「役者としては必ずしもそう〔失格〕じゃない」のである。きちんとした人間たちを扱ったこの映画作品において、高槻は最悪のキャラクターかもしれないが、同時に彼はこの映画作品に登場する最も精緻な読者でもあるのだ。この登場人物は、テキストに書かれていることだけでなく、私たちがサブテキストと呼ぶものも理解することができるからだ。この点で彼は、不運にも――同様に「言葉よりずっとたくさんのことを」理解することのできる――ユナとは正反対の人物となっている。実際、彼はこれを彼女よりも得意としている。なぜなら映画は、彼女の才能を、彼女が演技するときを除いては、紋切り型の善に限定しているからだ。彼女は常に善良で潔白な唖者でなければならず、何か本当に不愉快なことを感じたり、伝えたりすることができないのだ。彼女がソーニャとしてワーニャをしかったり、ユナ本人として家福をからかったりするとき、それは彼ら自身のための言動だと、私たちは感じてしまうのである。彼女の攻撃的な態度それ自体が、高潔さの表れなのだ。

それに対して、私たちは高槻に出会うや否や――「ゴドーを待ちながら」の上演後に、音が家福の楽屋に高槻を連れてくるとき――彼が自由奔放な感受性を持っていることを認識する。彼は音から家福の多言語的な演出メソッドについて話を聞いていて、興味を抱いている。「すごく変わってますよね。(中略)そんな感想で正しいのか、わかんないですけど、とても感動しました」。彼の言葉に少しばかり気に障った音は、彼のことを「変なコ」だと思う。しかし、彼はこの自己陶酔的な大物カップル(実際、家福は日本人にしかできない丁重なやり方で高槻をはねつけている)と会話するのに適切な口調で話せていないのではないか、と恐れるほど、繊細な人物であることをすでに証明しているのである。実際、音は自分の仕事に夢中で、すっかり自惚れており、夫の演出メソッドに人の心を揺さぶるところがあるなんて考えたこともない。上演を終えて疲労困憊状態の家福も、明らかに音が彼女の新しいスターに惹かれているにもかかわらず、そこに別の種類のニュアンスが含まれていることを「掴み損ねている」。高槻はこの夫婦のことを同じ理由で尊敬していると主張する。「細かすぎて、伝わんない、みたいなことをお二人とも大事にしてる」からだ、と。だが、彼の観察力は、彼が称賛している繊細さを上回るものだ。高槻は私たちより先に家福の演劇メソッドの弁証法を理解している。つまり、感動すること、動かされることこそ「正しい見解」なのであり、その反対は——感動しないこと、冷淡にも動かされないことは——まさにこの映画に登場するさまざまなトラウマ経験者たちの条件かつジレンマとなっているのだ。一部の批評家たちが言うように、高槻は性犯罪者であると考えるのは、大いに要点を捉え損なっている。そもそも音は彼の演出家なのだし、セックスの間に上位を取っているのは、彼女のほうなのである。映画が明らかに示唆しているのは、高槻が彼女の主導権に従っているということだ。彼女が「シェエラザード」の物語を、家福を相手にしたときよりも、高槻を相手にしたときに、さらに先まで進めているのは、驚くに値しない。あたかも高槻のほうが、後に家福がそうしなかったと自分をとがめるような方法で、彼女の話を聞いていたかのように。ジャニスも被害者として単純化して理解されるべきではない。高槻がワーニャの役を振り当てられると彼女は、高槻がその役を断ろうと考えているのを知りながら、おめでとうと言うが、そのとき彼女は、オーディションの際に確認した二人の性的な相性の良さと大いに関係する、彼と一緒に働きたいという欲望を覆い隠しているのだ。そして高槻が不意の写真撮影に激高してしまう様子さえ、「怒りを抑制しなければならない」という明白な問題点のほかに、彼の吸収力の深さを物語っているのだ。実際、彼は嵌められたのかもしれない。彼はいろいろな意味で開かれたターゲットなのだ。

彼の敏感さを証明する最後のエピソード。家福がワーニャを演じていたときに、ワーニャのエレーナに

図8　転移

図9　2つ目の事故

対する片思いに共感して、感情を抑えきれなくなってしまったのとまったく同じように、今やワーニャを演じる高槻は、ワーニャのセレブリャコフに対する殺人もしかねない激しい怒りを説得力のある形で表現しているため、舞台監督の家福は、このワーニャは実際に老教授を殺していないのかと、心配な素振りを見せる——いや、ひょっとしたら本当に心配していたのかもしれない。数秒後、これはテキストと精神状態の間で不気味なまでに偶然生じる相互浸透のこの映画における最もおぞましい例なのだが、警察が高槻を現実の殺人罪で逮捕して、私たちを驚かせるのである。

　もしあなたがヒッチコックの世界に通じていれば、濱口が二人の男性の間に織り込んだ転移のパターン——二人は次々と、恋人（音）、主役（ワーニャ）、そしてついには自動車事故の経験を共有する——を認識することができるだろう。高槻の事故は、ジャニスと一緒にいるところを、隣の車線を走る自身の車からたまたま二人を見かけた監督に「目撃」されてしまい、彼が羞恥心を感じたことが原因のように見える（図8、9）。だがそれは、あたかも家福の何気ない視線が、事故を引き起こしやすい性質のようなものを高槻に譲り渡したかのようにも考えられるのだ。実際、自身の多孔性のせいで、高槻は自然と家福からのパスを受け取る気になることだろう。『見知らぬ乗客』（一九五一年）の場合と同様に、二重化が終了するのは、敵対する二人のどちらかに罪を負わせることによって、秩序の回復が図られるときである。たしかにこの点で、高槻は嵌められているのである。映画それ自体によって。高槻は家福自身の危険な興奮状態を引き受け、自らを犠牲にすることによって、家福をもう一度「人間的」——それはユナと同様に、あくまで安全な意味で共感的ということだが——にするのである。

それに対して高槻は、危険な意味での共感のこの映画における具体例なのだ。怒りから殺人までの振り幅を持つ彼の過剰な反応は、社会的な観点からは明らかに容認できないものであり、個人的な観点からは無益なものであるが、それはこのあまりに敏感な男が——抗し難い——他者の精神的な不法侵入に対して示す必死の反抗なのである。彼は薄い皮膚を守ろうとして、皮膚を刺激する物を取り除くのである。彼のケースが気づかせてくれるのは、私たちの内側にあるテキストが私たちの体を動かしているという状態は、常に心地よいものとは限らないということだ。自分たちの多孔性を発見しなければならないその他の登場人物たちとは違って、高槻は自身の多孔性を決して失うことができないのであり、呪われた才能を標準値にリセットすることなどできないのだ。そしてこの多孔性の闇の要素《ダーク・サイド》は、その攻撃の標的である高槻に全面的に取り憑いているというわけではないのだ。殺人を認める高槻の自白は、家福とみさきによる不気味なほどよく似た、別の二つの告白につながっていく。『ドライブ・マイ・カー』という、精神が相互に浸透し合っている世界においては、殺人というものは、それが現実のものであれ、想像上のものであれ、多くの人々の良心に存在する罪なのであり、無罪を言い渡される可能性はゼロに等しいのである。「私の良心はあたかも私があの男を殺したかのように私を苦しめる」と、「ワーニャ伯父さん」に登場する医師は、クロロホルムで麻酔をかけているうちに死んでしまった患者について語っている。そして音が高槻に語り、高槻がみさきに聞こえるところで家福に再び語る物語のなかでは、自分をレイプしようとした男を殺して

図10　遠くまで見渡せる道路

図11　視界に突然現れるガードレール

しまった高校生の少女が、見ることはできても、聞くことはまるでできない監視カメラに向かって、「私が殺した。私が殺した」と虚しく繰り返す。そして今や、高槻の逮捕の余波のなかで、みさきが家福に「私、母を殺したんです」と語り、家福はみさきに「僕は妻を殺した」と語る。

　理性的に考えれば、これらの主張はナンセンスである。家福に関して言えば、夜遅く帰宅すると、妻が死んでいたわけだし、みさきに関して言えば、まだ子供の頃、倒壊寸前の自宅から命からがら逃げ出したというだけの話だ。あまりにも愕然として、自宅に戻って母親を救出することも——こちらのほうが現実的だったろうが——母親と一緒に死ぬこともできなかったのだ。どちらの登場人物も二人の脳裏を去らない親類の死に責任があるわけではない。しかし、二人とも多孔性の支配する法廷においては、自分たちが殺人の共犯者として有罪だとわかっているのだ。彼らは無言の訴えに耳を貸さなかったのであり、彼らが心理的に解放されるためには、そうした訴えを認識し、それに耳を貸さないことは殺人につながりうる行為なのだと認識するだけではなく、この意図的な鈍感ささえうまくいっていないことを認識する必要があるのである。いかなる「殺し」も、彼らの感情を傷つける親しい友を頭から追い出すことなど絶対にできないのだ。この映画の最も興味深いメッセージは、私たちは親密さを歓迎するべきだという主張ではなく、私たちが親密さを決して締め出すことはできないという主張なのだ。お互いに罪を告白した後、家福はみさきに言う。「生き残った者は死んだ者のことを考え続ける」――つまり、死者たちの止まるところを知らない要求に応答し続けなければならないのだ、と。「どんな形であれ、それがずっと続く」。間違いなく、これこそみさきが事故で負った顔の傷を決して消そうと思わない理由なのだ。この観点からすると、コロナ時代に設定された結末は、結局のところそれほど慰めとなるものではないのかもしれない。その見かけ上の落着は、緊張した待機状態の一形態に過ぎないかもしれないからだ。結局、私たちはみさきの車がどこに向かっているか、わからないのだ。遠くまで見渡せる道路は、家庭生活を表す小道具に対して、目的地を持たずに車を運転している感覚を――プロットによる飼い慣らしに公然と反抗して、依然として臨戦態勢を取っている多孔性を――提示している。そして、その遠くまで見渡せる道路の端に、私たちは突然、ガードレールが配置されているのを目撃するのである（図10、11）。

　とにかく、それがこの映画における否定性の運命をめぐる問いに対する私の最初の解答なのである。二つ目の解答を切り出すつもりで、以下のことに注目してみよう。つまり、映画の最後のイメージにおいて、みさきが「車を運転しているだけ」だとすれば、観客は「見つめているだけ」で、同様に、何に反応すればよいのかわからないオープンエンドの状態に取り残されている。ここで皆さんは、公園でユナとジャニスの間に強烈な「何か」が生じた後、家福が「次の段階がある。観客にそれを開いていく」と、言っていたことを思い出すことだろう。彼が言わんとしているのは、実際に彼が言い始めるように、たんに「それを劇場で起こす」ことではない。そのプロジェクトは、文字通り遂行されれば、映画の観客を間違いなく退屈させることだろう。なぜならば、観客はすでにその瞬間を目撃しており、それが繰り返されることを求めていないからだ。彼が言おうとしているのは、実際に彼が言い続けるように、「一切損なうことなく、それを劇場で起こす」——つまり、その瞬間を目撃して、感動した人たちの反応も含んだ形で再現することなのだ。彼の言葉が暗示しているのは、観客一人一人が自身の多孔性を通じて、この種の瞬間を認識してほしいという願望であり、その願望を達成するプロジェクトなのだ。明らかに家福は、自身の映画作品に対する濱口本人の野心を代弁しているが、その野心とは、映画の観客である私たちに、この映画が生み出す反響を、私たちの胸のうちに秘められている感情的大事件のなかに聞くよう強いるところにある。観客の個人的な感情的大事件について、明らかに映画の側は何も知らない。しかしながら、映画はそれを反響させる装置のような役割を果たすことを目指しているのである。『ドライブ・マイ・カー』は精神的な多孔性についての研究に他ならないと、私は冒頭で述べたが、映画は、この現象が登場人物たちの間に見られるのを例証するだけでなく、おそらくはもっと強力に、映画と観客の間のインターフェイスにその現象を引き起こそうとしているのだ。

明白なことから始めよう。『ドライブ・マイ・カー』はチェーホフの専門家や、さらに言えば、特定の文学的な観客に向けて作られたものではない。それは映画ファンのために作られたものである。この映画は、映画ファンに呼びかけ、「ワーニャ伯父さん」のバラバラの抜粋——映画は私たちがそれらを思い出せるとは期待していない——を雨のように浴びせかける。私たちに作用するためには、これらの抜粋は、チェーホフの戯曲における前後の文脈《コンテキスト》を必要としない、というわけではない。私たちに作用するためには、多くの文脈を持っていてはいけない、ということなのだ。これらの抜粋が文脈もなく私たちに襲いかかってくるという、私たちの驚きの感覚によって、それらは私たちの内部に直接的な感情的指示対象を見出すのである。「誰にも僕の気持ちはわからない」「夜も眠れない」「むざむざ時間を無駄にした」「この僕のつらさがお前にわかれば」「もう取り返しがつかない」「僕には人生なんてない」「僕の人生と、愛は、どうしたらいい？」「ああ、気が狂いそうだ」「僕はもうダメです」など。これらのランダムなテキストの小片は、四〇歳以上の人間にとって、なんと心の底から憂鬱な自己解釈が可能なことか！　私たちはすでにどれくらいこれらの台詞を実際に口にしたことだろう？　『ドライブ・マイ・カー』は、観客に対して「ワーニャ伯父さん」を、登場人物たちに対してテキストが占めたのと同じような引き金《トリガー》の関係に据えようとするのである。

　この点で映画の最も圧倒的なのは、オーディション中にユナが見せる白熱した攻撃的な身振りとともに、ソーニャが「モルヒネ、出しなさい」と熱心に訴える場面である（図12）。映画の「第四の壁」——観客との間に存在する目に見えない壁——を壊したユナ＝ソーニャは、クロースアップで私たちと向き合い、私たちが痛みを軽減するために、そしておそらくは自ら命を断つために、盗んだ薬物を返すよう懇願する——いや、命令するのである。常識的に考えれば、彼女は他の誰かに話しかけているに違いない。私たちは盗まれたモルヒネを持っていないのだし、持っていても、どのように返してよいかわからないだろう。だが、このように直接的に映画によって呼びかけられた私たちは、もはや常識とは無関係である。私たちは、何かを与えずにいることを個人的に責められているように感じる。「モルヒネ」は、その何かを表す記号に過ぎないのだ。この場面の挑発は、あなたが隠し持っている心の痛みを和らげる薬を見つけ、それを返却しなさい、というものなのだ！　ソーニャは、ユナは、濱口は、あるいは他の誰かは、それを待っているのだ。

図12　「モルヒネ、出しなさい」

　さらに言えば、「ワーニャ伯父さん」のテキストだけでなく、登場人物たち自身の会話も、観客による精神的な解釈＝私有化《アプロプリエーション》を促すよう巧みに作り上げられている。家福のみさきとの会話を取り上げてみよう。「僕は正しく傷つくべきだった／僕は本当をやり過ごしてしまった／僕は、深く、傷ついていた／気も狂わんばかりに／でも／だから／それを見ないフリをし続けた／自分自身に耳を傾けなかった／だから僕は音を失ってしまった／永遠に／今わかった／僕は、音に会いたい／彼女に会いたい／でももう遅い／取り返しがつかないんだ／どうしようもない／生き残った者は死んだ者のことを考え続ける」。私はこれを会話と呼んだが、それは実際には独白であり、みさきはただそれを立ち聞きしているに過ぎない。断片的で、たどたどしいこれらの独白は、未完成のスピーチのアウトラインのようだ。このアウトラインは、句切りと句切りの間を結びつける組織、つまり、間隙を埋めることを前提としているが、それが実際に提供されることはないのである。最小単位へと断片化されたアウトラインは、行間を読むことを要求しない——いや、少なくとも、これらの先端から家福の意識の氷山を作り上げることは難しいだろう。むしろ、それが要求しているのは、行間を書くこと、それも私たちの経験から書くことなのだ。これはより簡単な仕事であるが、同時に、より不快な仕事なのだ。これらのことを話しているとき、家福はみさきのほうでも、キャメラのほうでもなく、どこか両者の間を見つめている。あたかも登場人物と観客の双方が自分のものとすることができるように、自らの思いを伝えているかのように。

だが、たとえ私が「観客」についてこのような考えを述べたところで、一般的すぎて効果がないだろう。一般的な視聴経験に訴えることは、ほとんど麻酔薬のようなものと考えられよう。それ自身の感情的な反復を引き起こす映画の驚くほど個別的な力を弱めてしまうからだ。この力をあなたに信じさせる必要はない。あなた自身の映画体験からすでにその力を認めているか、またはそうしないのか、のどちらかだからだ。だが、私の議論が私自身を説得することを意味するならば、ミシェル・レリスが見事にも「雄牛の角」と呼んだ自伝的な証明が必要となるだろう。観客が自身の多孔性を通じて映画に遭遇することを前提とするだけでは不十分なのだ。そうした遭遇のリアリティを私自身が証明しなければならないのだ。だから、『ドライブ・マイ・カー』が何を「私から引きずり出した」のかの一例で、本論を締め括りたい。映画との関連はもしかしたら完全に明白ではないかもしれない。なぜならば関連は、ここに、そこに、あらゆるところにあるからだ。そのように多孔性というものは作用するのだ。しかし、この例を提供することは、おそらく私がこの映画作品について語っている主な理由なのだ。この映画は、結局のところ、私たちが英語で「乗り物＝媒体《ヴィエクル》」(vehicle) と呼ぶものに他ならない。この言葉は、運送手段、つまり自動車のみならず——この文脈では、こちらのほうがより適切なのだが——表現手段、つまり媒体を意味しているのだ。

図13　雪国Ⅰ&Ⅱ

＊

どうやって生き延びている？　ロックダウンの最中、私はどうしようもなくツトムに再び連絡を取りたかった。わざわざ言葉にしようともしなかったが、その理由は正確に理解していた。長い年月が経過していたが、私はよりを戻したかったのだ——いや、そこまでいかなくても、彼の居心地の良いバークレーのバンガローで一緒に時間を過ごしたかったのだ

図14　雪国III

図15　「どうやって生き延びている？」

——いや、それもうまくいかなくても、頻繁に会って一緒にパンデミックを生き延びたかったのだ。数十年前に終わった恋愛を再開しようとするばかりか——こちらのほうがさらに馬鹿げているが——それが終わってしまったということを、その多くのもっともな理由とともに否定しようとするのは、馬鹿げた欲望だった。私の願望はパンデミックの産物だったのかもしれないが、その力強さを否定することはできなかったし、連絡が途絶えたわけではなかったので（私はいつもそれが重要だと信じていた！）、コミュニケーションの経路は開いていた。ツトムはプレッシャーが嫌いだったので、私は用意周到に、段階を追って、彼を取り戻そうと計画した。食事に誘ったり、サイクリングに誘ったり、そうこうしているうちに関係を再構築していくのだ。こうした計算は私にふさわしいだろうか？　と、私はときどき考えた。彼にふさわしいだろうか？　と。それでも、雪猿や、日本アルプスのリゾートや、（ツトムが雪まつりのために訪れたばかりの）北海道についての長いメッセージのやり取りの終わりに、私は思い切ってこのテキストを送信したのだった。「どうやって生き延びている?」(図13、14)それは二〇二〇年三月には、陳腐な質問だったが、私の頭のなかでは大切な質問だった。私が準備していた長いゲームの初めの一手だったからだ。ツトムはこのテキストには返信してこなかった。平凡で短い内容ではあったが、結局のところ、厚かましいと思われたに違いない。彼は、多くの日本人と同様に、言外の意味《サブテキスト》を理解するのが、並外れてうまかった。手の内を見せずに、彼にもう一度メッセージを送信するには、どれくらい待てば良いのか、私はまだ思案していた。するとツトムの笑い顔のイメージが——私の祈りが通じたのだ——私の携帯に現れた(図15)。だがそれは、ツトムの古いメッセージを律儀に隈なく調べていたどこかの甥が、メッセージの送信者たちに、叔父は「もはや私たちと一緒にはいない」——心臓発作だった——葬式のリンクを送る、と知らせてきたものだった。「もはや私たちと一緒にはいない」。なんと馬鹿げた言い回しだろうか! 根源的に馬鹿げている欠如を言い表すましな言葉を私は見つけられなかったのだが。『ドライブ・マイ・カー』を観ることは、私のショックを和らげることはなかったし、私を救済に導くこともなかった。私はこの映画が私に与えてくれたものを憎みさえしている。映画が私に与えてくれたのは——実現されることはなかったし、今では絶対に実現できないがために、私が毎日ツトムの幽霊と続けている——ツトムとの会話を詳述するための媒体である。彼はその程度には、まだ「私たちと一緒」なのだ。だから本当に、気が狂いそうなのだ。

*本稿の構想および執筆を大いに手助けしてくれた以下の方々に感謝する。ファリード・ベン＝ユセフ、アンガス・ブラウン、リー・エデルマン、フィリップ・フィッシャー、加藤裕樹、ラムジー・マグレイザー、佐藤元状、アナ・シャックトマン、ギャレット・スチュワート。

**本稿の図版は図4上、13〜15を除き『ドライブ・マイ・カー』濱口竜介監督、二〇二一年(DVD、TCエンタテインメント、二〇二二年)より引用。

『ドライブ・マイ・カー』を斜めから読む

斉藤綾子

一・映画を動かす《ドライブ》のは誰か

村上春樹の同名タイトルの短編に他の二本の短編からの要素を加え、演劇・映画と両方に跨がって創作活動を行ってきた濱口竜介が大江崇允と脚本を共同執筆・監督した『ドライブ・マイ・カー』は、幾重にも重なる層をもった複雑で豊かな映画である。(1) 喪失、服喪、再生、創作、言語と身体という軸を基本的なテーマに、個性的な登場人物、演劇と映画を交差させる演出術、複数の作者と多言語が絡み合う書き込まれた脚本、シンプルかつ豊穣な映像、確かな画面構成と編集、俳優たちの独特の存在感が際立つ本作は、批評的にも高く評価された。村上春樹の映画化という話題性、カンヌ国際映画祭や米国アカデミー賞の国際長編映画賞受賞といった相乗効果もあり、三時間に近い長尺にもかかわらず、いわゆるアートシネマの客層以外にも広がり、全国一般劇場において興行的にも成功するという快挙を成し遂げた。

監督としての濱口の名前は、二〇〇八年の『PASSION』(大学院修了課題として製作)や二〇一二年の『親密さ』(ENBUゼミナール映像俳優コースの卒業製作)、あるいは酒井耕と共同監督のドキュメンタリー『なみのおと』（二〇一一年）などですでに批評家や映画ファンの間では知られていた。その名が国際的にも認知されるようになったのは、劇場公開映画としては異例の五時間を超える上映時間にもかかわらず、ロカルノ映画祭で主演女性四人が最優秀主演女優賞を受賞した二〇一五年公開の『ハッピーアワー』であろう。当時はまだ新しい試みだったクラウドファンディングで製作資金を募り、即興演技ワークショップの参加者が多くの登場人物を演じ、濱口らが時間をかけて完成させた本作は、女性四人の友情を中心に、それぞれの人間関係と人生の岐路を繊細に描いた脚本と洗練された映像スタイルを独創的な語り口で作り上げた稀有な映画である。濱口自身が自著で説明しているように、演技未経験の演者には困難が予想された台詞を事前に覚えることを要求せず、撮影現場で台本を演者全員が読み込んでいく「本読み」を繰り返しながら、必要ならばその場で台詞や脚本を修正し、演者が台詞を「からだ」で覚えるまでその作業を繰り返し、撮影に臨むという過程を採用した。[2] 濱口によると、彼が目指したのは、台詞を読むときに「ニュアンスを込めずに、抑揚を排して読む」ことであった。この方法は「紋切り型の感情表現」を避けるためにジャン・ルノワールが採用した「イタリア式リハーサル」を取り入れたものだ。

その経緯の説明や監督としての意図については濱口自身の聡明な文章に任せるとして、強調したいのはこうした試みは『ハッピーアワー』で突然変異的に現れたものではないという点だ。初期の頃には複雑な人物関係と心理の動きを台詞で説明するのではなく、いかに画面枠内で役者を動かし、どのように配置させるかといった画《え》の構図とカメラの動きを重視した演出法を追求していたようだが、その後、東日本大震災をテーマにしたドキュメンタリー製作の現場で、東日本大震災の被災当事者たちのインタビューの撮影に関わり、「みやぎ民話の会」の小野和子との出会いに大きく影響された濱口は、いかに被災という容易に言葉にはしがたい経験を彼らから語ってもらうか、その語りをどのようにカメラに収めるか、カメラで撮るだけでなく、いかにその声に耳を傾けるか、声をどのように映像として記録、再現するかを模索することになった。(3) こうした経験から濱口は、映画の美学的な要素である画的な構図やフレーミングに細心の注意を払いながらも、「人間」の変身《メタモルフォーシス》の目撃者、身体的映像表現の重要な要素を形成する「声」を見せる装置としてのカメラにも強く関心を寄せるようになったと思われる。その成果は、『なみのおと』から『うたうひと』(二〇一三年)に至る二年間で東北三部作として知られる四本の記録映画に一つの結実を見せる。同時期に彼は、演技を学ぶ学生たちが舞台を作る過程で、いわば舞台の内と外をカメラに収めながらフィクション映画として成立させた『親密さ』を監督している。(4) このように、濱口映画の魅力の一つは、コインの裏表のようにフィクションとノンフィクションの境界を行き来しつつ、映画形式《フォルム》の美的特質に基づき、それをコントロールしつつ最大限引き出したいとする欲望のようなものと、撮影の現場で展開する演者の身体と演者同士の交流エネルギーから生じる制御不可能な瞬間を引き出したいという好奇心との間で揺れ動く両義的なものが共存する物語叙述の力学にある。

この両義性から生まれる困難と魅力が顕著になったのが、プロの男優と新人女優を使い、初の原作ものの映画化で、なおかつ初の商業映画という新たな挑戦に挑んだ『寝ても覚めても』(二〇一八年)ではないか。基本的に主役二人の恋愛関係に焦点を合わせた本作は、複数の人物がエピソード的に絡まっていく多層的、複眼的な物語展開を得意とした濱口のそれまでとは異なるアプローチが必要とされ、彼は原作をどのように換骨奪胎して、オリジナルの要素を入れ、自分のものにするかという問題に直面したに違いない。ここでも、いわゆる古典的ハリウッド映画に代表される映画の物語叙述の魅力を完全に否定することなく、同時に観客を安易に感動させるための物語叙述と常套的な映画形式の慣習から離れ、カメラが持つドキュメンタリー的な潜在力を発揮させようとする濱口の試行錯誤が見える。(5)

村上春樹の映画化を濱口が手がけるようになった経緯は別として、『ドライブ・マイ・カー』ではメインのキャラクターには職業俳優を使うものの、サブキャストの多くを多彩な背景を持つ演者で固め、前作のような恋愛を中心にした閉ざされた人間関係を追うストーリー展開ではなく、脚本自体も複数の小説と戯曲にオリジナルのエピソードをかけ合わせ、多言語使用の劇中劇という設定を加えた複層的なプロット展開を採用することで、濱口が得意とする複雑な人間関係の描写と複数の役者の身体間の交差が生み出す効果が期待できるようになった。本作でも今まで同様に本読みを重ねていったようだが、劇中劇を演出する過程の再現を物語叙述に導入することで、「紋切り型の演技」を演者の体から取り除いていくという自らの映画作りの過程も実現可能になり、映画特有の自己反省的な要素が高まった。結果として、濱口の映画は村上の同名タイトルの原作とはまったく異なる独自の映画テクストを立ち上げることに成功している。

すでにさまざまな執筆者による多彩な議論が展開されているが、『ドライブ・マイ・カー』のような豊かな映画を分析する視点は無数にある。そのうちで、私が注目したいのは『ドライブ・マイ・カー』の基本的な構造を成す物語叙述《ナラティヴ》と「語り《ナレーション》」について、とりわけ女性というジェンダーの視点から映画について考えてみることである。自身の映画作りに関して極めて明晰に言語化することのできる濱口は、何が映画を映画的にさせるかという点に関しても極めて自覚的である。映画監督としての濱口の基本的な姿勢が、いかにカメラを物語に従属させずに、カメラの持つ「光学的無意識」のような不可視のものを可視化する能力を物語映画の枠内で最大限に活かすかということにあり、そのために彼は、シナリオに書かれた言葉と俳優の身体に体内化されたその言葉が、「声」として俳優の身体から生成される瞬間をカメラが記録するという、脚本、俳優、カメラとの分かちがたい関係性を探究しているのではないかとすでに指摘した。物語叙述を軸とする分析は、映画はスクリーン上に現前している「画面がすべてだ」とする批評の視座とは相反するが、その画面は物語叙述を構成する一要素でもある以上、物語叙述による映像の意味作用と現象の狭間にある、映像そのものが発揮する効力とのずれや共鳴関係を見ていくことは、特に、そのずれにある種のジェンダー的な要素が関係してくるとなれば、あながち無意味ではないだろう。

『ドライブ・マイ・カー』をジェンダー的な視座から洞察した木下千花が指摘するように、本作で「語り手」としての女性の声が極めて重要な役割を果たしていることに疑問の余地はない[6]。木下の卓見によれば、本作は女性の創造性を再生産に関わる女性の生殖器官に由来させる「男根的な解釈」とは異なる、「やつめうなぎ的思考」とも呼ぶべき「性化された身体を基盤とした女性による語りの創造」の可能性を見いだすことができる。もう一方で原作となる村上春樹の小説については、小説家の川上未映子が「女性というものが巫女的に扱われている」「女性であることの性的な役割を担わされすぎている」「女性は男性である主人公の犠牲のようになってしまう傾向がある」「女の人というものが欠如するものとして、あるいは喪失のイメージとしてある」と問いかけたように、その女性表象に関してはジェンダー的視点からの批判もしばしば見受けられる[7]。木下の考察に沿って考えれば、映画はこの村上の女性表象の限界を打ち破り、異なる女性表象を提示する可能性を示していると言えよう。

だが、女性たちは自分たちの「声」を持っているのか。そもそも、『ドライブ・マイ・カー』という映画テクストを動《ドライブ》かしているのは誰か、その「語り」の主体は誰か。最終的に映画は「誰の」物語を語るのか。主人公の家福か、あるいは監督の濱口か、それともやつめうなぎの語りを作り出す音か。もちろん、多声的な語りを特徴とする濱口の映画において、語りの主体を限定すること自体が的外れと言えるかもしれない。だが、それでも私はこの問いについて考察してみたい。本作は、村上に内在する男性言説を「巫女的」に伝える伝統的な女性表象や語りを踏襲しているのか。あるいは木下が示唆するように新たな「女性による語りの創造」を実現する映画なのか。視点を変えるならば、次のように問い直すことができるかもしれない。村上春樹、濱口竜介と大江崇允、チェーホフという時代もジャンルも異なる男性作家たちによって紡がれた物語叙述に女性表象とセクシュアリティが直接関わるとき、どのようなジェンダー力学が働くのか。私の興味は、作り手のジェンダーが映画テクストのジェンダーを決定すると主張することでも、本作をジェンダー表象を提示すべきであると前提しているわけでもない。すべての映画が「正しい」ジェンダー表象を提示すべきであると前提しているわけでもない。むしろそれは、映画『ドライブ・マイ・カー』に組み込まれた「ワーニャ伯父さん」と原作の「ドライブ・マイ・カー」という文学的文脈から生じる男性作家の言説が生み出すテクストの肌理に抗って、本作を俳優の身体と映像が織りなす男性の声と女性の声が拮抗する場として読み直す試みとなるだろう。

二・村上から濱口へ

村上の原作は「女のいない男たち」という象徴的なタイトルの短編集に収録されている。濱口と大江は映画と同名タイトルの小説に加え、同じ短編集内の別の短編である「シェエラザード」と「木野」から要素を加えた。結果として、映画の物語の中心的な登場人物は、家福とみさき、そして家福と音と性関係を持った相手の高槻という原作が設定する二組の二者関係から、原作では不在で名前のない家福と同業で女優だった妻に脚本家という職業、「音」という名前、そして「シェエラザード」の「語り手」として身体を与え、また家福と高槻の関係にもみさきを介在させ、また、現前しないものの、みさきの母の存在を膨らませることで音と対称関係を作りだし、三組の三者関係へと変化させている。原作・映画ともに主題となるのは家福の「喪失」とある種の回復であるが、村上の原作に出てくるチェーホフの戯曲を多国語による劇中劇として加えたことで、音、みさきだけでなく、劇中劇の出演者のユナとジャニスなども含め、原作と比べて映画は女性登場人物にはるかに重要な役回りを与えている。

濱口の言葉を借りれば、「基本的に『ドライブ・マイ・カー』は『家福が誰かを見ている映画』」である。[8] その意味では、ローラ・マルヴィが批判したような男性主人公が視線の担い手となるハリウッド映画のジェンダー構造の規範となる「見る男性」を主人公として、そのアクションを追っていく展開が期待されるかもしれない。ところが映画は、能動的な見る主人公とアクションという典型的なハリウッド映画の直線構造とは真逆の作りとなっている。というのは、多くの場合家福は見るべきものを見ず、気づくべきだったことを見ていない、あるいは、目の前で起こっていることを見ようとしない、つまり家福の見る能力の欠如が強調されているように見えるからだ。[9]

たしかに映画は「誰かを見ている」家福を中心として進行する。だが、彼はむしろ声を「聞く」存在でもあり、どちらかといえば、物語叙述において自分の目前で起こる出来事を受動的に見る（あるいは見ていても肝心なことを見逃してしまう）立場に置かれている。後で詳しく見るが、性行為の最中に一種のトランス状態で、まさにシェエラザードのごとく語り始める音を始めとして、映画の中で物語を紡ぎ出すのは女たち、とりわけ母として挫折を抱えた女たちである。木下が注目したように、幼いみさきを虐待した母が幼い少女サチになり、また妊娠を機にダンスをやめたユナも流産後に家福の劇に参加したというように、女たちは過去に身体的な喪失とまるで引き換えるかのごとく自らの身体から生まれた「言葉」を獲得するかのようだ。自らの性的身体から物語を紡ぎ出す音と、それを記憶し、記録し、言葉から具現化するのが演出家である家福の役割であることを考えるならば、映画は受動的ながらも家福を視線の担い手にするが、物語の語り手としては女性を特権化しているように思える。[10]

もう一方で、村上の物語について川上未映子は、作家と読者のジェンダー差が現れるような、ある興味深い指摘をする。村上の話には「何かがなくなる、女性が去っていく」のが「一つのモチーフ」としてある、そしてこの「喪失」というモチーフは理解できるが、と留保して以下のように続ける。

そのことについては主人公も、もう半ば諦めているというか、その世界の前提としてあるような気がするんですよね。で、主人公が本当に求めているのは女性なのではなくて、じつは男性なんじゃないかなと思うことがあるんです。（略）本当の自分にめぐり会うことのメタファーと言いますか……（略）。魂のレベルで求めているのはじつは男性であるというか。ゆえに、主人公の抱く喪失感というのも、じつはつねに男性に向けられたのではあるまいかと。[11]

すると、村上は「女性よりはむしろ男性の中に、何か大事なものを求めているのかもしれない」、「自分がそうであったかもしれない」が「実際にはそうでない自分の姿」を求めているのかもしれないと応える。[12]

実際に原作では、家福は高槻とバーカウンターでウィスキーを飲みながら、高槻から妻がいかに素敵な女性だったか、愛していても「他人の心をそっくり覗き込む」ことなど不可能だといわれ、その言葉が家福には「心からのものとして」響き、高槻との会話が傷ついた自身の心を受け入れるきっかけとなる。[13]村上はこの場面を、二人の男は長い間互いの目を「まっすぐ見つめ」、「互いの瞳の中に、遠く離れた恒星のような輝きを認めあった」[14]と、淡々とした筆致ながら、チャンドラーさながらにメロドラマ的な要素を介入させる。ここで家福と高槻の関係には、イヴ・セジウィックが提起する男性同士の間にあるホモソーシャルな欲望に近い情景が描かれているようにも見える。[15] 村上の小説では、物語の主題はあくまで家福と高槻の関係であり、描かれるのはまさに「女のいない男たち」の絆だ。おまけに女性のセクシュアリティを象徴する妻は「子宮癌」という女性特有の病気で死に、この関係から排除される。一方、運転が上手く、いわゆる女性的な属性を持たないことで家福に受け入れられるみさきは、この男性同士の間に入ることができる触媒的な存在である。

ところが、映画では小説と状況が大きく異なる。家福の妻に「音」というキャラクター造形を与え、音をより性的な存在として描くことで、原作に潜在したホモソーシャルな側面は弱められ、音を中心とする二人の男のライバル関係が強調され、伝統的な異性愛の三角形が形成される。もちろん、村上の原作にある潜在的な男同士の絆が完全に消滅したわけではない。だが、そのホモソーシャルな要素は潜在化し、異性愛メロドラマ的な要素が前景化する。さらに、音の死後は、劇中劇の「ワーニャ伯父さん」を演出する家福とワーニャを演じるはずだった高槻との間の師弟的なライバル関係に重ね合わされる（高槻も不在になると家福は自らワーニャを演じることになる）。高槻と家福の心が触れ合う件の場面も、みさきが運転する車中へと変更され、原作の高槻の台詞にオリジナルの夢の続きが付け加えられると、逆に自分と音だけの秘密の語りが、高槻とも共有されていただけでなく、自分の知らない秘密を彼が共有していたことに気づかされた家福の傷はより一層深くなっている。家福はその瞬間から言葉を失い、高槻の話はよりモノローグ的に語られる。このシーンでは、家福の心情は明らかにされないまま、家福とみさきが自分の秘密を語り始めるシーンへと続く。そのため、この場面での二人の会話が持つ意味は原作とはまったく異なる次元へと展開し、その後高槻が不在になることによって、また別の関係が登場人物間に投影されることになる（この重要なシーンに関しては後述する）。

喪失の傷を負った家福が高槻との男性同士の絆によって服喪が可能になり、みさきによって癒やされるという原作の主題構成は、家福の妻をシェエラザードである「音」として身体化し、巫女的な声を与え、さらに高槻が死んだ音の代わりに、家福には語られることなかった「殺人」に関わる物語の続きを新たに加えた映画の脚本構成によって、より重層的な物語構成となった。その効果は主に二つあるように思われる。第一に、映画は最終的に家福を救う役割をみさきに担わし、さらには劇中でソーニャによって再び救済されるという劇中劇をめぐる内と外の二つの物語の合体を可能にする。第二に、女らしくないみさきと家福、高槻を中心とする「男たち」の関係を維持しつつ、村上の原作に寄り添った家福＝高槻間のホモソーシャルな欲望を家福とみさきの脱性化された絆に転位させる（濱口は男性性を連想させるフィルム・ノワール的な小道具のタバコを巧みに使う）一方で、音をめぐるライバルとして家福と高槻の関係を強化し、原作では曖昧化された異性愛的な「欲望の三角形」を顕在させ、「ワーニャ伯父さん」と物語叙述の構成上でより密接に関連づけることを可能にする。このように映画『ドライブ・マイ・カー』は、物語叙述的にも、ジェンダー構造的にも何層にもなったうろこ状とも言える複雑な様相を呈するテクストなのである。

三．欲望の演出と語りのモード

映画的な空間配置と人物の関係を丁寧に構築しながら、男性と女性キャラクターが複雑に絡まり、その関わりのなかで自身を見つめていく『ドライブ・マイ・カー』は、原作から映画、そして文字言語から視覚表象への翻訳と変換の過程で、極めて自己反省性が強い映画となっている。そのために、精神分析的な読みを誘発する。もちろん、作家は精神分析的解釈に対しては否定的な見解を示すだろう。にもかかわらず本作の物語叙述は、劇中劇の内と外のキャラクター同士の入れ子的な関係性、音の半ば催眠的な状態による語りの現前（それは、木下がやつめうなぎ的思考と名付けた語りの創出であるが）、原体験の再現的トラウマを思わせる演出、鏡像的な効果の活用、視覚的反復、トンネルの意味作用、そして前述した空間的な配置によって映像化された四人の主要なキャラクター間の交代可能な位置づけによって、フロイトの精神分析的な意味における幻想《ファンタジー》で作動する「欲望の演出」、「つまり欲望の在るまさにその位置に禁止されているものが登場するという演出」が物語叙述の基本構造を成しているように思われる。[16] そして、この幻想の構造は、登場人物間の交替可能な関係性を演出する、それぞれの占める空間的な関係性と、鏡像的な映像と反復と差異を多用した物語構造に最も顕著に現れている。

まず、本作の第二の主役と言っていい、家福が所有する赤いサーブの車内における人物間の移動から見てみよう。村上は元のビートルズの歌詞にひねりを入れて、女性ドライバーというジェンダー変換を加えたが、映画はさらに複雑な配置換えと交替を見せる。[17] 最初は原作と同じく家福がドライバー、音が助手席に座っている。音の裏切りを目撃後、事故を起こした家福に代わって、娘の法事の帰りには音がドライバー、家福が助手席に座る（ちなみに原作では音は運転しない設定である）。このときのショット構成は、同一フレームに収めた後に二人の会話を切り返しで構成した前のシーンとは異なり、最初から家福と音を同一フレームには収めず、空間分割する。[18] そして音の死後、家福はドライバーのまま、カセットからは音の声が流れる。二年後、家福は広島に自分で運転して赴くが、広島に着いて以降はみさきがドライバー、家福は後部座席に座る。音の声は車内で引き続き流れる。高槻と家福が二人で音の思い出を共有する件の場面では、映画中で唯一、三人が車中におり、後部座席に男二人が座る（あたかも助手席には音の亡霊がいるかのように）。高槻が逮捕された後に、北海道に向かうときに家福ははじめて助手席へと移動する。この道程中はみさきが語り手となり、自分のことを話し、彼女はドライバー／ナレーターとなる。最後に、みさきは一人で韓国に向かうが、そのときに後部座席に（ユナが飼っていた）犬が座っている。

濱口は、音の裏切りを目撃してから、自らの感情を明かさない家福には音の声で反復される「ワーニャ伯父さん」の台詞を重ね合わせて、いわば腹話術的に、あるいはポリフォニー的に家福の感情と心理をその声に反響させる。一方、家福と関わりを持つようになる人物と家福との距離は、車中の座席配置で修辞的に映像に反映させる。音の死後、ワーニャ伯父さんの台詞に自分を重ねるあまり、その役を演じることができなくなり、いわば失語症のように台詞を失った家福の閉ざされた心は、同じように寡黙で心を閉ざしたみさきに投影され、高槻という触媒によって引きおこされた北海道への旅で、二人は少しずつ自らの感情を言葉に表すことを覚えていくようになる。サーブ車内の小さな閉ざされた空間は、いわば人物が変容する小宇宙を作り出し、その中で主要人物がそれぞれの場所を交替、転位することによって、映画は人物間の心理的接近と距離を視覚的に表し、その相関関係を示唆する。音の声と不在は、その位置を占めるキャラクターが替わることで逆にその不在を顕在化し、その死後も幽霊的に時空間を超えて車内にとどまっているかのようだ（濱口の映画で幽霊的な存在は慣れ親しんだモチーフでもある）。家福からみさきへドライバーが交替する車は、昼間から夜へ、幾重にもトンネルを越え、東から西、西から東、そして北へと移動し、そして最後にみさき一人で海をも渡り（みさきの名字は渡利である）、家福とみさきが作る地図は彼らの精神の軌跡を示すロードマップとなる。

鏡像的な映像と編集が作り出す幻想構造は、出張がキャンセルになった家福が自宅に戻ると、音が別の男性と性行為に及んでいるのを目撃するシーンに見事に現れる[19]（図1）。このシーンで、家福が目撃する音の性行為はまず音のあえぎ声で示され、その後に家福が覗き見る音の性行為も、それを見ている家福のショットも鏡に反射したイメージで提示される（図2、図3）。

図1

図2

図3

見る家福の視線はまたしても屈折させられている。家福はその場を無言で立ち去るが、音の相手の顔は一切見えず、その相手が後に現れる高槻だったかは最後まで明確にはされない。[20] 性行為をしている音とそれを見ている家福の正面からのショットがともに鏡像であるために、見る主体と見られる対象との関係が間接的になり、そのシーンそのものがある種の白昼夢的な様相を帯びる（ここで使われているレコードの音楽がその要素を高める）。鏡の使用は、家福が音に見られずにその現場を目撃する状況をショットに収めるために最適の方法であるし、ショックを受けた家福が一種の離人症的な状態で、そのトラウマ的な場面を見る心理的な効果もある。[21] しかしより重要なのは、「見る家福」という主体自体を分裂させ、見る主体でありながら見られる対象であることを同時に示し、それが演出された原光景的な禁じられたイメージの一部となって登場する、すなわち家福とともに観客自体の視線を観察者として組み入れ、同時にトラウマ的なシーンをフレーム化されたイメージとして突出するというその効果にある。このとき、家福のみならず彼を見ている観客の視線も、鏡のイメージの切り返しによって縫合され、このシーン全体が作り出す幻想構造の中に入り込む効果があるのだ。

この鏡像的な構造は映像だけにとどまらず、人物間にも現れる。すでに見たように家福、音、みさき、高槻という主要キャラクターは車内で位置を変えたり、交替したりするだけでなく、いくつかのペアを形成し、ある意味で分身的な関係を作りながら、同時に互いに異なる役割を引き受けている。まず、夫婦としての家福と音。愛人関係の音と高槻。ドライバーと乗客（かつ車のオーナー）という関係、かつ父と娘（みさきは亡くなった家福の娘と同年生まれ）の家福とみさき。そして家福と高槻には演出家と役者、音をめぐるライバル関係（したがって父と子の疑似的エディプス関係）がある。だが、ある人物が不在になるとその代わりに現前する人物があり、その交替は隠されたペアを示唆する。音が死に、みさきが現れ、高槻が再び現れ、少女が男を殺したという残りの部分を音の代わりに高槻が家福に告げる。その後、あたかも音の欲望を無意識的に行為化したかのように過失で男を殺した高槻が逮捕され不在になると、家福ははじめて後座席から助手席に移り、音の空位を埋める。この「私が殺した」という高槻のリフレインは、以下に見ていくように、その後のみさきの語りに引き継がれる。みさきは、土砂崩れで逃げ遅れた母を結果的に見殺しにしたと告白する。ここで木下も注目したように、音とみさきの母は母性とある種の狂気を共有する鏡像的な関係を結び、みさきは家福と音の死んだ娘と重なるだけでなく、サチともつながる。このように、音から高槻、そして、みさきを結びつける動線が生まれ、キャラクター同士は幾重にも重なり、つながり、輪舞のような円環構造を作っていくことにもなる。(22)

喪失というテーマは、同時に「空虚」というもう一つのモチーフにもつながっている。音と家福は娘を亡くし、家福は妻を亡くし、みさきは母を亡くし、ユナは流産で子どもを亡くしている。興味深いのは、家福と音、そしてみさきは、それぞれの喪失や空虚を秘密として抱えているが、その秘密は自分の心の中の奥深くにしまい込み、いわば封印をしている。だが、その空虚を半ば埋めるべく、トランス状態のときに物語を作り出す音は無意識では自分の中の空虚を認め、もう一方で高槻はそのことを唯一自認している。家福とみさきがその秘密を自分で認めるには、高槻の媒介を経る必要がある。車内で家福と高槻が話すシーンはこの点でも重要になってくる。それまで、俳優として家福の演出に対応できないせいもあり、制御不能のように激高的に振る舞っていた高槻は突然語りのモードを変え、「家福さん、僕は空っぽなんです。僕には何もないんです」とまさに、イタリア式の話し方を実践する。

このときに観客は、それまで映像で見てきた音と家福の寝物語の秘密が家福の言葉で説明され、その背景に娘の死が直接関わっていたことを知らされる。そして、家福は音が自分以外の男と寝ていたことを目撃した、自分を愛しながら裏切った彼女には「どす黒い渦」のようなものがあったと高槻に告げる。すると、まったく表情を変えずにその話を聞きながら高槻は、そのことを音に話したことがあったか、音は実は聞いてもらいたがっていたという可能性はないのかと家福に問いかける。「君は音から何か聞いているのか」と逆に家福から聞かれた高槻は、前世がやつめうなぎだった少女の話に、家福にとっても（観客にとっても）予想外だった続きがあったことを明かす。音の話の前半部にあったエロス的な要素は姿を消し、あるとき、少年の部屋にいた少女が別の空き巣と出くわしてしまい、強姦されそうになった挙句に、その男の目をペンで突き、殺してしまうという展開を見せるのである。あたかもその空っぽの心の中に音が入りこみ、彼の声を借りて話し始めたかのように語り部に変容した高槻は、監視カメラに向かって何度も「私が殺した」と繰り返す少女の言葉を繰り返す。高槻が家福の心に響いたという原作の言葉を語るのはこの後である。自分は「何か大事なものを音さんから受け渡されたような気がしました」、「そんな素敵な

図4

図5

人と二〇年も一緒暮らせたことを」家福は感謝すべきだ、それでも他人の心をそっくり覗き込むことなど無理だ、「本当に他人を見たいと思うなら、自分自身を深く、まっすぐに見つめるしかない」と家福に告げる。

前述したように、原作とはまったく異なり、映画は家福と高槻の男の絆ではなく、音を介した欲望の三角形を形作りながら、同時に高槻に語り手としての音を体内化させることで、さらにその関係を変容させる。このとき、高槻を演じる岡田はほんのりと頬を紅潮させながら、その目は潤み、異様な強度を持って光を放つ（図4）。過度に感情を込めずに淡々と話す岡田は、本作にあって最も素晴らしい演技の一つを見せるが、それはメソッドのようにキャラクターに心理的に感情移入した演技ではなく、一言一言の台詞が岡田の体から発せられる純度の高いエネルギーとして排出され、まさに巫女の言葉のような様相を帯びる。長台詞を話し終えて、小さくふっと息を吐く岡田は（図5）、ここで空虚な心を埋めるべくその身体に音の声を体内化しその語りを引き受け、見事な憑依能力を見せるのだが、その結果、岡田は高槻のジェンダーの境界線を越え、彼を女性化する。音が乗り移ったかのごとく高槻から発せられる言葉は、娘を死なせたというトラウマを引きずる音自身の罪を告白しているようだが、同時に、喪失を認めることのできない家福の男性原理的な愛のロジックを批判するような様相を見せ始めるのだ。

この驚くべきシーンは、家福と高槻が互いに音を性的に共有していた関係にあることを告白し合い、異性愛の欲望の三角形が露呈するかのように始まりながら、音の語られなかったやつめうなぎの話を高槻が話し始めると、家福と高槻のライバル関係は後退し、逆に音の影響下にあって高槻=音という新たな関係が生まれ、いわば男性言説から女性言説へと語りのジェンダー変換が起こってしまったかのような不思議な引力を発揮する。父を殺し自ら目を突いたエディプスのジェンダー逆転をするかのように、ペンで男の目を突いた少女のイメージを再現する高槻は、少女の、つまり音の言葉を発することで、自らを、家福のつまり父の場所ではなく、母である音と同じ想像界的な闇の中に身を置くことができる。だからこそ、彼は後に音の物語を行為化し、男を殴って死なせてしまうという解釈も成り立つ。[23] そこで働く物語叙述のロジックはまさに幻想が織りなす欲望の演出であり、高槻が音から引き継いだのは、言語という象徴界の法を拒否する音の情動と身体から発せられる「ことば」である。ここでは書かれた台詞が、見事に演者の身体を通じてカメラが映像を聞き、声を見る瞬間を捉えた圧巻のシーンである。

みさきの運転する赤いサーブは、明るい道を走っていた前半とは対照的に、何度も暗いトンネルを通り抜け、あたかも無意識の闇の世界へと時間を逆行するかのように、終盤のドラマの大団円である北海道の白の景色に向かって道を走り、最後に海峡を渡る地図を辿っていく。高槻が車から降りると助手席に座った家福に、みさきは、高槻が「嘘を言っているようには聞こえませんでした」「それが真実かどうかはわからないけれど、高槻さんは自分にとって本当のことを言っていました」と淡々と言う。[24] すると、高槻の「私が殺した」というリフレインに触発されたかのように、家福は、音が死んだ日にもう少し早く帰っていたら、音を助けられたかもしれないとみさきに告白する。今度は、家福に促されたかのように、それまで寡黙だったみさきははじめて語り手となり、「母を殺した」と告げる。母を見殺しにしたときについた顔の傷を消す気にはならないと彼女が語るとき、それはまるで音が語った少女が空き巣に入った部屋に残した徴（男の死体）のようなものだということが示唆される。そこからみさきと家福が最後の語りとなるべく次のシークエンスへの移行シーンが静かに始まる。サーブが長い暗いトンネルを抜けて、雨の降る外のショットに画面が変わり、次のカットで青函トンネルからの海峡を映すショットに切り換わるフェリーの船室で眠るみさきにコートをかけ、横になる家福を映しながら、壁にかかったテレビのニュースでは高槻の逮捕が流れる。その一連の無駄のない映像と編集は文句なしに素晴らしい。

四．拮抗する男性言説と女性の語り

最後に『ドライブ・マイ・カー』における女性表象に注目しながら、映画の終盤にかけての展開を中心に、どのように男性言説と女性言説が拮抗しているかについて見てみたい。

まず女性表象を考えると、音とみさきはかなり明白にジェンダー表象的に対極として描かれている。性的で女性性の権化のような美しい音は官能的で、女性らしさを備えた魅力がある。もう一方で、みさきは脱性化され、逆に自らの女性性を否定しているかのように見える（音の裸体の線の美しさが強調される一方で、みさきは体の線を覆い隠す男の子のような服装である）。二人の属性も異なる。音は芸術的で、語りを創出し、みさきは機械的で、寡黙である。音は家福を傷つけ、みさきは彼を救う。つまり音とみさきは、ある意味でフィルム・ノワールのファム・ファタールと救済の女性といった二項対立的な女性表象の典型を原型にしているとも言える。物語叙述のレベルでは、女性のセクシュアリティと能力は、基本的に家福という主人公が自身を見つめ、「正しく傷つく」ことを学び、女性を女性として受け入れ、人生の苦難を抱えながら生きていくことを受け入れるための補助的機能が付与されている。すでに指摘したように、みさきが脱性化されていることにより、彼女は家福と男同士に近い絆を持つことができる一方で、音が極度に性化された存在であるのは、彼女がある意味で映画における女性言説を背負っているという役割を担わされているゆえだとも言える。程度の違いこそあれ、劇中劇でソーニャとエレーナを演じるユナとジャニスも同様な対照を見せる。

ここでもう一度木下の優れた論考を確認してみよう。木下はまず「口にある吸盤で蛭のように水底の石や捕食対象に吸い付く」やつめうなぎが、「一見すると男根に似ていながら、その実、ヴァギナ・デンタタ（歯の生えた女性器）であるという、類い希なる生物」だと指摘する。そして映画における音は、「寝物語においても性交においても、上半身を起こし、自らの身体をさながら一本の管に——包み込んで捕食し、さらに喉を震わせて声を出し物語を生み出して語る管に——変えている」ゆえに、彼女自身がやつめうなぎであると鮮やかに論を展開する。音は家福との性行為で、「言葉と物語がセックスとオーガズムと密接に結びついて彼女の中に立ち上がってくる、『やつめうなぎメソッド』とも呼べよう独自の脚本生成プロセス」を実践していたが、高槻ともそれを実践している。その結果、家福と高槻の間に「父と息子が謎めいた女を共有することで男同士の絆を結ぶという物語にもなり得た」にもかかわらず、こうした要素が薄まったのは、「高槻が『寝ても覚めても』の串橋（瀬戸康史）や『ハッピーアワー』の鵜飼（柴田修兵）らの系譜に連なる挑発的なトリックスターとして造型されているからでもあるが、音が安穏に所有され交換され想起されうるモノではなく、恐るべきやつめうなぎだった」からだと含蓄に満ちた説明をする。本論では、この要素が回避された理由の一つを物語叙述上に見るが、木下はそこに音の身体性を見ていることがわかる。

さらに映画では、妊娠を機にダンサーをやめ流産を機に演技に挑戦しようと「ワーニャ伯父さん」でソーニャを演じるユナが「動き出すと、テキストが体の中に入ってくる」と話すとき、「やつめうなぎメソッドと手法は異なるとはいえ、性化された身体を基盤とした女性による語りの創造」が現れたと木下は示唆する。そして、終盤の北海道の場面でみさきが、家福以外の男と音がセックスしていたこともなんの嘘もなかったというときに「みさきが覆すのは、女性は子どもの死なり何なりによる欠如を埋めるために他の対象を欲望したり、あるいは物語を紡いだりするという、本質的に男根的《ファリック》な解釈の枠組みそのものである」と洞察する。

映画のクライマックス・シーンとも言えるこの雪のシーンで、家福とみさきは自らの過ち（罪）を受け止め、死者を慈しみ、喪に服す。みさきは母の、家福は涙を流しながら音の喪失を受け入れるこの感動的な場面について木下は次のように指摘する。「家福自身も、そしてひょっとするとある時点までは映画作家たちも従ってきたかも知れない、保守的であるが故に広く受容されやすい男根的な物語の呪縛が解けるとき、生き残った二人ははじめて同一フレーム内で距離を無化し、触れあうことになる」。家福とみさきが同一フレームに収まるとき、二人の人間が心から触れ合い、互いを慰め合うという行為を肯定する木下は、『ドライブ・マイ・カー』に、「あくまで男根的なるものに対する抵抗として組織されるやつめうなぎ的実践」に日本映画の可能性を見いだすのだ。

木下のこの議論は極めて魅力的で説得力を持つ。すでに何度も指摘したように、映画『ドライブ・マイ・カー』において女性の語りは特権化されている。高槻の語りが強度を持つときも、彼の体内に音が入り込んでいわば女性化されたときである。だが、木下の議論を踏まえたうえで、その女性言説の優位は、最終的にほかでもないこの北海道のシーン以降、物語が一つの終結に向かっていく大団円で覆されてしまうのではないか、と私は異なる見解を提起したい。いや、本論の最初の問いかけを思い出すならば、この映画の語りの主体は女性たちになり得たかもしれないのは確かである。だが、最後の展開で、映画は最終的に「家福」の物語として、女たちの語りをすべて彼の救済に奉仕させてしまう、つまり傷つく男性主人公を女性たちが救うという古典的な「男性メロドラマ」の物語叙述に回収されたかのようにも見えてしまうのである。映画は「男根的な物語の呪縛」から解放され、女性の語りの新たな創造をも示し得たかもしれない。あるいは、家福は彼女たちの「話」を聞くことによって、音を理解するのではなく、彼女の物語を巫女のように媒介するのではなく、彼自身の身体で、彼自身の物語になる、つまり受け入れることができるはずだった。だが、そうはならなかった。それはなぜだろうか。家福のある一言が発せられたとき、そしてそれを捉えるカメラの微妙な動きが起きたときに、何かが変わってしまった（と私には思えた）。詳しく見てみたい。

北海道までの長いドライブを終えて、雪景色のなか、土砂崩れで崩壊したみさきの生家の跡地を前にした丘の上で、彼女がまず自分の母にサチという別人格がいたことを話すところから、シーンは始まる。みさきは、母が自分を虐待しながらも、虐待の後に現れるサチという八歳の少女が自分の唯一の友達だった、幼いサチを抱きしめる時間が好きだったと淡々と語る。花を投げ、線香の代わりにタバコを土に差し立て、亡き母に弔いを捧げるかのように、サチが現れたのが「母が本当に精神の病だったのか、私をつなぎとめるため演技をしていたのか」はわからないが、「仮に演じていたとしても、それは心の底からのものだった、それが母にとって「地獄みたいな現実を生き抜く術だった」」とみさきは続ける。そして家福のほうを見上げながら、「母が死ぬこと」が「サチが死ぬこと」だと自分は理解していたが、崩壊する家を目前に「それでも、私は動かなかった」と思い詰めた表情で告白する。みさきの語りは、淡々としながらも聞いている者の胸にすっと入ってくる誠実な語りであり、演じる三浦透子の姿はある意味で音の代わりとなった岡田と共鳴する（事実、前述のようにここで母のことを話すみさきの言葉は、彼女が高槻について語った言葉に共鳴し、そして続く音に対する言葉へと引き継がれる）。家福は「汚い」というみさきの手を取り、また丘の上に引き上げ、この映画の中で二人が対面で語り合う珍しいツーショットのほぼ五分にわたる長回しのショットへと続く（図6）。

みさきは「家福さんは、音さんのこと。音さんの、そのすべてを、本当として捉えることは難しいですか」とストレートに問いかける。そして、「音さんになんの謎もないんじゃないですか。ただ単にそういう人だったと思うことは難しいですか。家福さんを心から愛したことも、他の男性を限りなく求めたことも、なんの嘘も矛盾もないように私には思えるんです。おかしいですか」と聞いてから、「ごめんなさい」と小さく謝る。みさきはほんの少しだけ右のほうに引き、彼女のイメージが心持ち小さくなる。そのみさきの長いモノローグをじっと聞いていた家福が、意を決したように、顔を微妙にカメラのほうに向け、「僕は、正しく傷つくべきだった」という。「本当をやり過ごしてしまった」と。そして、家福のモノローグが始まり、家福と高槻の車中でのやりとりの中で、家福自身が高槻に説明した音に対する理解がいかに間違っていたかということを、いかに傷ついたか、いかに彼女に会いたがっているかを切々と語り始める。ここまで感情を見せることのなかった家福が、一気に情動的な語りで自分の心情を吐露する重要なショットである。このとき、いつの間にか家福の姿はフレームの左半分を大きく占め、みさきの小さな姿を圧倒する（図7）。最後に「でも、もう遅い、取り返しがつかない、どうしようもない」という絶望的な一言を発すると、みさきが優しく家福を抱きしめる（図8）。少しだけなすがままになっていた家福は、やがて自分の腕をみさきの体に回し（図9）、「生き残った者は死んだ者のことを考え続ける、どんな形であれ、それがずっと続く」と、彼にとって、ついに音の死を受け入れ、彼女のいない世界を生きていく覚悟のような台詞を吐く。家福の腕の中に埋まり、向こうを向いたみさきの顔は見えない。その後切り返しになり、二人がカメラのほうを向き、互いに顔を寄せ合いながら、鳥たちのさえずり声が聞こえるなか、「生き残った二人ははじめて同一フレーム内で距離を無化し、触れあうことになる」。そして、二人の後ろ姿を捉える静かな、美しいロングショットでこのシークエンスは閉じる。

それにしても、なぜ家福は「正しく傷つくべきだった」と言ったのだろう。この「正しく」という副詞に、これまですべての台詞が念入りに計算され、パズルのようにかみ合うはずだった映画の魔法が解かれてしまったかのような気持ちを一観客としての私に抱かせた。「音さんが家福さんを心から愛したことも、他の男性を限りなく求めたことも、なんの矛盾もなかった」と静かに問いかけるみさきの言葉を、家福は

図6

図7

図8

図9

本当に受け止めたのだろうか。そもそも「正しく」傷つくというのはどういうことなのか。画面はたしかに観客としての私に感情移入を求めている。だが、それまでみさきに寄り添っていた私の感情は、突然行き所を失ってしまったかのようだった。

この台詞は、多分に「おれは傷つくべきときに十分に傷つかなかったんだ、と木野は認めた。本物の傷みを感じるべきときに、おれは肝心の感覚を押し殺してしまった」という村上の「木野」に書かれた台詞をもとにしているとひとまず考えられる（実際、「木野」の別の場面で「正しさ」という表現が言及されている[25]）。そして、「忘れることだけではなく、赦すことも覚えなくてはならない」と気づいた木野の独白的な台詞である「そう、おれは傷ついている、それもとても深く。木野は自らに向かってそう言った。そして涙を流した」といかにも村上らしい筆致で小説は閉じる。[26] もちろん、映画の脚本は原作の要素を取り入れても、まったく違う設定にしているため、原作の台詞と比較しても意味はない。それでも、このシーンの物語叙述上の重要性は多分に「木野」の結末部分と強く共鳴しているように思われる。実際、映画でも家福は自分が深く傷ついたと言いながら、涙する。

「十分に」と「正しく」のニュアンスの違いは何だろうか。「正しく」という家福は、実のところ、自分の「傷」が「正しい」と思いたかったということを示しているだけでなく、人には「正当な傷つき方」があるというもう一つの幻想（そしてそれは象徴界的な法に基づくとも言える）で武装する可能性を示してはいまいか。結局は沈黙の背後に自分が母を殺すことで、自らの一部を殺してしまったことを意識しているみさきや、音を愛することで実際に偶然ながらも「人を殺した」高槻の真実から、家福はまだ遠いところにいることを示しているのではないか。いや、それは正確ではないかもしれない。村上の原作通りに、ここでみさきから家福に語り手が移ると、世界の中心が家福に移動する。音やみさきや高槻が抱えた「どす黒い闇」を彼自身が見たのではなく、あくまで見つめたのは「傷ついた自分」という鏡像だったのではないか。「十分に傷つくこと」は「正しく傷つくこと」とは同じではない。他者をそのまま受け入れるということは、「正しい」という善悪の問題ではない。それは愛の問題ではなかったか。家福の涙に、自分は音を音として受け入れることができなかった、つまり音は妻である前に女性という身体を持った存在であり、家福はそのことを認められなかったという気づきはあったのだろうか。

もちろん、あくまで作り手がこの表現に込めたのは、家福が自分自身から逃避していたということに気づいた、自らの過ちに気づいたことを示すことだったのだろうし、そこに正当な傷つき方があるというような意味を込めたとは思えない（そもそも濱口の映画は、それまでいわゆる「正しい」というような言葉とは少し立ち位置が違うところにあったように思う）。私のようにこの一言に過剰に反応した観客は少ないだろう。実際観客のほとんどはこのシーンの家福に大きく心を動かされたに違いない。[27] たしかに、みさきによって「本物をやり過ごしてしまった」自分に気づき、音を赦し、音のいない世界を生きていかなければならないと悟った家福の和解と贖いは、このシーンに続く劇中劇の「ワーニャ伯父さん」の舞台シーンへと引き継がれ、映画としての物語的大団円を迎えることになるからだ。だがもう一方で、このシーンで重要な語り手となったみさきは、母とともに唯一の親友だったサチをも死なせてしまったと、その心に秘められてきた過去の辛い記憶を呼び起こすことで、音と母を甦らせ、木下の言うところの「男根的《ファリック》な解釈の枠組み」そのものを覆す力を示す。にもかかわらず、結局、みさきの声は家福の語りに回収されてしまったかのようだ。いかに自分が傷ついたかを認めなかったために音を失ってしまったと嘆く家福は、自分に優しく手を差し伸べたみさきを最後には抱きかかえ、遺された者は死者を思い、「生きていかなくてはならない」と続くワーニャ伯父さんの主題へとつながる「正しい」語りの主体の位置に収まっている。つまり、

図10

図11

家福はここでまさに男性主人公として「正しく」振る舞っているのだ。

　私には、それまで複層的な声を重ね合わせながら単一的な語りを回避し、特に女性たちの、つまり情動や身体の語りを優位に置いていたかのような物語叙述が、このシーンでみさきから家福へと語りが移ったときに、その優位性が逆転し、伝統的な言説へと回収されてしまったかのように思われた。ここで語られる家福の台詞はすべて真っ当である。死者を弔い、遺された者が生きていかなければならないという彼の言葉に嘘はない。だが、不思議にも、「正しさ」を語る家福の言葉は、音やみさきの母の存在をまたもや闇の中に押し込めたように思えたのである。結局は、女たちの語りは男を救うためにあったのか、と。家福が語る男性言説と音やみさきの女性言説の間に、拮抗や折衝を見せながら絶妙なバランスを保っていた物語叙述は、物語的な結末へと移行するにあたって、一つの小さな亀裂を露呈してしまったかのようなのだ。

　だが、物語叙述はここから、夫としての家福をめぐるプロットと演出家としての家福をめぐるプロットという二つの並行した物語叙述を一つの閉幕へと向かわせる。その流れは、家福がそのモノローグで最後に発するもう一つのマジックワードである「でも、もう遅い、取り返しがつかない」という言葉が示すように、「遅すぎる」という時制によって発動するメロドラマの回路である。みさきによって自分が夫として「正しく傷つくべきだった」と気づいた家福は、高槻の代わりにワーニャを演じる舞台で、夫、演出家、演者という三つの分裂した自己を融合させる。そして映画は家福だけでなく、ワーニャをも救う。劇中劇の完成した舞台で「ワーニャ伯父さん」を演じる家福は、ソーニャを演じるもう一人の沈黙の女性ユナから贖いを授かる。家福は一度ならずも二度救われるのである。こうして「正しく傷ついた」家福は、かつて自分を苛ませたワーニャ伯父さんの言葉とソーニャの慰めを受け入れることができる。さらに、その姿を客席から見つめるみさき（そして観客）とユナの間におかれた家福は、ユナに後ろからそっと抱きしめられ、その傷ついた心が癒やされる（図10）。「ワーニャ伯父さん」のラストシーンに書かれたチェーホフの言葉を、手話という身体の言語で伝える巫女的なソーニャを見ながら、再びその前にシーンで語った家福自身の言葉をなぞるかのように、「そしてあの世で申し上げるの。あたしたちは苦しみましたって、泣きましたって、つらかったって」という言葉が画面に重ねられる。観客は画面に映った字幕を読みながら、その台詞をその前のシーンでみさきに語りかけた家福の言葉に重ねる。無音に近いこの空間で、ユナが力強く合わせる手の音と、家福の吐息が聞こえ、観客もじっと彼らを見つめる。こうして、家福からワーニャ、みさきからソーニャ、そして観客へとチェーホフのテキストが循環し、最終的に舞台空間と映画のスクリーンを満たす。みさきを抱きしめた家福は、ここでソーニャに抱擁され、涙と微笑みを控えめに見せる（図11）。男が流す涙は「新たな感情や美徳」の誕生を公に示すのだ。[28]

終盤からの大団円へと続く物語叙述によって、この映画が最終的にチェーホフの偉大なる言葉がソーニャという巫女的な女性によって伝えられ、一人の男が救われ、そのドラマの幕が感動的に閉じる。弔いの火のように、ランプの淡い光のみがほの暗く闇の空間に灯りをともしている。それは希望の一筋のようにも見える。その演出もまた見事である。映画の物語叙述として、家福をめぐる二つのメインプロットをここで鮮やかに統合し、男性言説と女性の語りの拮抗にも綺麗に終止符を打ち、主人公に救済と人生の学びを与え、映画を見ている観客をも巻き込んだチェーホフの舞台を垣間見せて、その醍醐味を再現した濱口の手腕には脱帽する。だが、映画としての完成度の高さに感嘆しながらも、私に残ったのはみさきの問いかけだ。「家福さんは、音さんのこと。音さんの、そのすべてを、本当として捉えるのは難しいですか。音さんになんの謎もないんじゃないですか。ただ単にそういう人だったと思うことは難しいですか。家福さんを心から愛したことも、他の男性を限りなく求めたことも、なんの嘘も矛盾もないように私には思えるんです。おかしいですか」。音の声はどこに行ったのだろう。家福の涙はその答えを示しているのか。その声の不在を哀しんだのは私だけではあるまい。

五．みさきが向かうところへ

だが、人物の循環的・鏡像的な関係が重要な本作は、ここでは終わらず、濱口自身が家福を主人公として救うという予定調和的な物語叙述での終わり方に居心地の悪さを感じたのかのごとく、映画は小さなコーダを付け加える（図12〜15）。みさきは韓国にいて、そこには赤いサーブと後部座席にちょこんと座っているユナが飼っていた犬が一緒だ。カメラは、沿岸道路を走る車の姿をロングショットで捉える。まるで、クリント・イーストウッドの『グラン・トリノ』（二〇〇八年）のラストシーンのように。そして、車の中からみさきの見た目ショット（POV）で、前方に一直線に広がる道路のイメージがラストショットとなる。暗い劇場から一気に解放されたオープンな空間で、また新たにみさきの物語が始まるかのような予感を見せる。(29)

みさきはすでに女性性を否定した服装をやめ、ごく普通の若い女性のように見える。観客はいつも勝手に自分の読みを妄想し、勝手な解釈をする。正直に言えば、私はこの映画が演劇の感動的な場面で終わらなかったことに感謝するとともに、みさきの外見は変えて欲しくなかったと思う。みさきを演じた三浦は外見を変えずに、内面の変化を見せることができた女優に違いないし、彼女の小さな抵抗を残してもらいたかった。だが、木下が「ようやく日本映画のスクリーンに現れたやつめうなぎたちを言祝ぐ」ように、私は、濱口映画に三浦が演じるみさきが出現したことを歓迎する。みさきは、ある意味で濱口の今までのフィクション映画における女性表象の幅を一気に広げた独特のキャラクターだからだ。三浦演じるみさきは、村上の原作にあった人物造形をゆうに超え、類い希なる誠実さとシンプルさを持ったユニークな女性表象を提示した。木下は本作に「性化された身体を基盤とした女性による語りの創造」の可能性を見いだ

図12

図13

図14

図15

したが、私はジェンダーのステレオタイプ的な表象を超え、その境界を曖昧化したみさきと高槻の、感情を排しながら深い情動性を表す身体性から生まれる語りに新たな魅力を見いだしたのである。

赤いサーブがみさきと作る地図はどのようなものか。その先に何が見えるか。映画は私たちにその問いを問い続ける。物語を動か《ドライブ》すのは誰か、と。みさきの旅はどこに向かうのか。今後も見届けたい。

注

(1)ある対談で大江は、濱口の共同脚本について「演劇についてのリアリティ」を望んだ濱口の意向を受けたプロデューサーの山本晃久から声をかけられたということで、脚本は基本的にほぼ濱口が書いたと発言している（大江崇允・西堂行人対談「大江崇允　創作人生を語る（下）」『テアトロ』二〇二三年一月、二六―二九頁）。

(2)濱口竜介・野原位・高橋知由『カメラの前で演じること――映画「ハッピーアワー」テキスト集成』左右社、二〇一五年、五八―六〇頁。ちなみに、ルノワールの「イタリア式」演技指導はジゼル・ブロンベルジュ監督による記録映画『ルノワールの演技指導』（一九六八年）で見ることができる。ルノワールや濱口にとってこの平坦な口調を再現することがこの演技指導の目的ではなく、俳優のいわば頭による解釈ではなく、体に覚えさせることで演者の身体が現場のカメラの前で反射する（まさに溝口健二のように）ことを目指していたように思われる。

(3)濱口『カメラの前で演じること』三〇―三八頁。

(4)『ドライブ・マイ・カー』でもコロナ禍で製作が中断してしまったために、同時期に『偶然と想像』というオムニバス映画を作っている。一本の映画が完成するまでに時間をかけて作る濱口は、並行して複数の映画を手がけている。その理由はさまざまだと思うが、同時期に作られた映画の間にある種の共鳴関係が見られるのも興味深い。

(5)それは、たとえるならば、ロベール・ブレッソンの映画スタイルを維持しながら、クリント・イーストウッドの物語叙述とジョン・カサヴェテスの情動効果を共存させるという極めて困難な探究でもある。もしかしたら濱口は『寝ても覚めても』で解決できなかった問題に『ドライブ・マイ・カー』で再挑戦したのかもしれない。まったく異なる二作だが、前作ですでにチェーホフの『三人姉妹』のシーンを使っているし、前作で成功した効果的な猫の使い方は、『ドライブ・マイ・カー』では犬となる。

(6)木下千花「やつめうなぎ的思考」nobodymag、「特集ドライブ・マイ・カー」https://www.nobodymag.com/interview/drivemycar/2.html。木下の引用は以下すべてこのオンライン記事に依拠する。本論は木下の論考に多くの示唆を受けた。

(7)川上未映子・村上春樹『みみずくは黄昏に飛び立つ』新潮文庫、二〇一九年、三〇六、三〇七頁。また、個人的には意見を異にする部分も多いが、村上春樹に対するフェミニズム批判は、『ノルウェイの森』をめぐる上野千鶴子・小倉千加子・富岡多恵子の鼎談に代表されよう(『男流文学論』ちくま文庫、一九九七年、二八〇—三九九頁)。だが、フェミニズム映画理論や批評の文脈では、例えばフィルム・ノワールのファム・ファタールに関する議論に代表されるように、性化された女性表象というもの自体が一枚岩的に否定されているわけではないことは指摘したい。

(8)「ドライブ・マイ・カー　鼎談　濱口竜介・三宅唱・三浦哲哉」『キネマ旬報』二〇二一年八月上旬号、二一頁。

(9)この見る能力の欠如は、村上の原作ですでに指摘されており、高槻との会話で家福は何か妻の「大事な部分を見落としていたのかもしれない」「目で見てはいても、実際にはそれが見えていなかったかもしれない」と告白する(村上「ドライブ・マイ・カー」、五九頁、傍点原文)。映画の優れたところは、家福が「見てはいても見ていない」というところを映像として的確に可視化している点にあると言えよう。

(10)興味深いのは、『ハッピーアワー』や本作と同時期に製作された『偶然と想像』の最後のエピソードで見られるように、監督としての濱口は語りの多層性を追求するなかで、女性同士の関係や語りに魅せられているようにも思え、作家としての濱口には元々両性的な面があり、映画でその二つが拮抗する場となることが多い。

(11)川上・村上『みみずくは黄昏に飛び立つ』、二五一—二五三頁。ちなみに物語論で言えば、多くの説話は最初に何らかの不在や均衡の崩壊がきっかけになっており、物語構造論的には村上の小説もこの基本に則っている。ただ、古典的な説話構造においては、その不在を取り戻すべく主人公のアクションが物語を進行させるが、村上の場合は、主人公のアクションは不在になった対象そのものの回復というよりは、不在によって生じた自己の変化によって、より自己探求への道、あるいは無意識への旅へと向かうなかで、男性とのエロスに近い友情か、女性とのしばしば即物的な性関係において自らの男性性の回復につながっていくように思える。

（12）同前、二五三頁。
（13）木下によれば、そもそも濱口が短編「ドライブ・マイ・カー」を映画にしたいと願ったきっかけとなったくだりだということである。
（14）村上春樹「ドライブ・マイ・カー」『女のいない男たち』文藝春秋、二〇一六年、六一頁。
（15）イヴ・K・セジウィック『男同士の絆――イギリス文学とホモソーシャルな欲望』上原早苗・亀澤美由紀訳、名古屋大学出版会、三二―四〇頁。セジウィックは、ルネ・ジラールが提唱したヨーロッパの主要小説に見られる、一人の女性を競い合う二人の男性間にある異性愛における「性愛の三角形」にはジェンダーの非対称があり、その隠れた力学には家父長制によって支配される権力構造下で、女性的なものの排除と（同性愛も含むが最終的にそれを回避するように働く）男性同士のホモソーシャルな欲望が作動していると主張する。
（16）ラプランシュ／ポンタリス『精神分析用語辞典』村上仁監訳、みすず書房、一九七七年、一一七頁。
（17）『ドライブ・マイ・カー』の原作・映画版ともに、女性ドライバーという表象がフィルム・ノワール的な女性表象であることは指摘しておきたい。そもそも、原作のタイトルとなった元のビートルズの歌詞では、好きな女に「私の車の運転手になっていいわよ」と言われた「僕」が彼女の車の運転手になるというごく一般的な異性愛の図式だ。村上はその図式を変形させ、妻を失った男（家福）は運転席から助手席に代わり、女（みさき）が運転手になるというひねりを加えるが、このひねりはフィルム・ノワール的である。J・B・ウェイジャーによれば、一九四〇年代から五〇年代の古典的なフィルム・ノワールから八〇年代以降のいわゆるネオ・ノワールへと移行していく歴史的変遷で、まさに男のように仕事ができる女性を好んだハワード・ホークス監督の『三つ数えろ』（一九四六年）に登場する「運転席に座る女性職業人」という新しいタイプに注目し、男を破壊する危険な運命の女《ファム・ファタール》と男を救う救済的な女性《ヌーチャリング・ウーマン》というノワールの典型的な二項対立化した女性表象に属さない女性の存在がより現代的なフィルム・ノワールへの移行の記号表現になっていると興味深い分析をする（Jans B Wager, *Dames in the Driver's Seat: Rereading Film Noir*, University of Texas Press, 2005）。
（18）この分割は、北海道に向かうときに家福とみさきが互いに妻と母を結果的に死なせてしまったという告白をする場面でも繰り返される。
（19）もう一つは、広島の公園で家福たちが見守る前でユナとジャニスが芝居をするシーンである。このとき、カメラに向かって素晴らしい芝居をしている二人を、彼女たちの後ろに座っている家福が「今、何かが起きていた」という台詞を吐くのだが、家福は彼女たちの後ろ姿しか見ていない。実際に見ていたのは監督の濱口である。従ってこの台詞はいわば監督濱口の台詞であり、ここで濱口と家福というカメラの前と後ろにいる二人の演出家が鏡像的に機能していることは、この撮影のスタイル的には端正なリアリズムを体言しているにもかかわらず、その高度の映画的な自己言及性ゆえに、ここでは第四の壁を顕在させるこのシーンが観客にも違和感なく成立していると言えよう。

(20)興味深いことに、高槻と家福が初めて出会う場面でも、鏡が効果的に使用され、高槻も家福も画面にそのイメージは分裂している。このシーンから目撃シーンに続くため、当然このときの相手が高槻だと思う観客も多いだろう(濱口は当然そのように観客を誘導するかのようだ)。しかし、映画は注意深く相手を明らかにしない。この濱口の判断は賢明である。濱口の意図はともかく、少なくとも映画テクストのロジックとして考えると、もともと目撃シーンの設定は「木野」から取り入れた要素であり、相手を高槻だと限定してしまうと結局凡庸な三角関係に還元されてしまい、その後に展開する家福と高槻の間の関係性が持つ曖昧性が否定され、キャラクター間の複雑な重層的関係性に亀裂が入ってしまう。また、村上の原作にもあるように、家福が苛まされていたのは、音の相手が高槻という個人ではなく、その匿名の複数性だったということが音の設定に重要だったからではないか。

(21)ちなみに、映画は家福と音の性行為と音の語りを二度見せるが、どちらもフレーミング、編集ともに考え抜かれた作りになっている(もう一回の音の性行為は鏡の中で起きる)。まず長いオープニングシーンで、薄暗い寝室で黒いシルエットの音の声が初恋の男の空き巣を繰り返す「彼女」の話を語り始めるが、このときは明らかに性行為後を思わせるだけで、行為自体が写されることはない。家福が音の秘密を目撃した後に二度目のシーンとなるが、このときは二人が絡み合う性行為シーンとなる。冒頭の行為では終始横たわって受け身的に音に行為を受けていた家福だが、今度は正常位から対面坐位に変わり、目撃した場面で別の男が採っていたポジションを自ら採る。その位置に変わるとそれまで二人を同一フレームに写していたカメラは、正面からそれぞれの顔を見せる一八〇度の切り返しで、空を見つめる家福と音が行為の最中に生じた距離を端的に示す(それは映像として家福が自分の秘密に気づいていることに薄々勘づいている音を仄めかす効果を持つ)。その後、音は「彼女」が「前世が高貴なやつめうなぎだった」と話を続けながら、二人は二度目の行為に及ぶ。このとき、音は木下が指摘するように、女性上位の姿勢で上半身を立たせて、まさにやつめうなぎのように腰を揺らし、家福を捕食するかのように激しく交わる。カメラは音を演じる霧島れいかの顔の表情以上に表現豊かな背中から腰の美しいラインを捉えるが、トランス状態になり「これでようやくやめられる」とあえぎながら語る音を見つめながら、家福はまるで見ること自体が苦痛であるかのように、自らの目を腕で覆う。

(22)「ワーニャ伯父さん」とメインプロットとの自己内省的な関係も言わずもがなであるが、チェーホフのキャラクターも重なってくると、二つのペア関係から成り立つ三者関係が浮かび上がる。ワーニャ／家福／高槻をめぐって、男たちを苦しめるファム・ファタール群であるエレーナ／音／ジャニスが一方にあり、ワーニャ／家福を救済するソーニャ／みさき／ユナがいる。家福が音の裏切りを知ってから、ワーニャのエレーナに対する台詞はすべて自分にブーメランのように揺り戻されて、台詞自体が家福にとって鏡像となる。

(23)私はここで、このような意図をこのシーンに作り手が込めたと言っているのではなく、物語叙述自体から一つのロジックを生み出す効果を持っている、そしてそのロジックはある種の整合性を持っているのではないかと言いたいのである。

(24)後で言及するように、ここでみさきが高槻の言葉に対して言う台詞は、北海道のシーンで自分の母親と音に対して語る言葉とほぼ同じである。その意味で、高槻が音とみさきの母、そしてみさきという女性の語りに重ねられている。

(25)それは、カミタというバーの客との会話のなかで、バーを閉店すると決めた木野はカミタに禅問答のように、「正しからざることをしないでいるだけでは足りない」と言われ、それは自分が「正しくないことをしたからではなく、正しいことをしなかったから」（同前、二六一―二六二頁、傍点原文）なのかと木野が聞く場面がある。

(26)村上春樹「木野」『女のいない男たち』二七一、二七五、二七六頁（傍点原文）。

(27)例えば次の鼎談を参照されたい。「ドライブ・マイ・カー　鼎談　濱口竜介・三宅唱・三浦哲哉」、二一一頁。

(28)クリスティン・グレッドヒルによると、メロドラマは女性のジャンルとして受け止められがちだが、これはリアリズムと悲劇によりメロドラマが否認される過程において、ジェンダーが果たした役割による後付けの解釈ではないかと指摘し、典型的な一九世紀の道徳的メロドラマにおいて、真の貞淑な女性として理想化された「ヒロインは、感情を呼び起こし正当化する能力において、しばしばヒーローよりもドラマにとって重要である」、そしてこの理想化の裏側には、ヒロインの転落やその後の転落を予感させる魅力的な恐怖があり、ヴィクトリア朝の家父長たちは「新たな感情や美徳を示すために、公的に犠牲者である女性のために涙することができる」と指摘する（Christine Gledhill,

"The Melodramatic Field: An Investigation," in C. Gledhill ed., *Home is Where the Heart Is: Studies in Melodrama and the Woman's Film*, London: BFI Publishing, 1987, p.34)。家福にとって音は理想化された妻だったにもかかわらず、その理想化された姿の裏側に彼女の性的な身体があったわけだが、この北海道のシーンで家福は、救えたかもしれない音を救えなかったと、「正しく傷つくべきだった」とカメラに向かって「公に」涙を流すという展開は、まさにメロドラマ的な展開になっているのではないか。だが、同時に家福はメロドラマ的な語り主体をとることによって、みさきの言説を引き受けることを可能にする。このメロドラマ的な転回は、この映画における二つの異なる言説が折衝し、拮抗する場を生成するのである。私はここで、本作および「ワーニャ伯父さん」がメロドラマだと言っているわけではない。チェーホフはリアリズム的な状況の導入により、まさにこうした伝統的一九世紀メロドラマの常套の解体を目指し、失敗した男性主体と家父長制を描いており、それゆえに現代でも通じる有効な戯曲である。だが、その背景となるジェンダー役割という点においては、例えば「かもめ」や「三人姉妹」に比べると、ソーニャは救済的なキャラクターである。少なくとも、映画の大団円はメインプロットと劇中劇のプロットをみさきからソーニャへとつなげていく物語叙述とその形式において見事に構成されている。

(29) この予感は『偶然と想像』の最後の古部房子と河井青葉のエピソードを見たときに見事につながった。この二人の女性の関係性のなかにある繊細なつながり、理屈ではないエンパシーが生まれる瞬間を捉える濱口映画の女性表象の面白さにまた新しい可能性が潜んでいるように思う。

＊本稿の図版はすべて『ドライブ・マイ・カー』濱口竜介監督、二〇二一年（DVD、TCエンタテインメント、二〇二二年）より引用。

インタビュー①

『ドライブ・マイ・カー』と広島

西崎智子《にしざきともこ》氏（広島フィルム・コミッション）
インタビュアー：佐藤元状・冨塚亮平

『ドライブ・マイ・カー』との出会い

――広島フィルム・コミッションは二〇〇二年の設立以来、三千件以上の映画やドラマなどの支援を行ってきたそうですね。コミッションのウェブサイトを拝見すると、映画製作者たちが、西崎さんの強力なサポートを得られていることがよくわかります。『ドライブ・マイ・カー』でのお仕事が評価され、広島フィルム・コミッションは第七九回中国文化賞（中国新聞社）、それに先立って第八回ＪＦＣ（Japan Film Commission）アウォード最優秀賞を受賞されました。誠におめでとうございます。

西崎　ありがとうございます。

――まず、濱口監督との出会いはどんなものだったのでしょうか。

西崎　濱口監督とは、二〇〇九年に開催された広島の映画祭（ダマー映画祭 i n ヒロシマ）ではじめてお目にかかりました。「PASSION」が上映されたときですね。その後もたびたび会う機会があり、メキシコの映画祭（第一九回グアナファト国際映画祭）でもご一緒させていただきました。そのときは特別ゲストで桃井かおりさんがいらしていて、夕食時に桃井さんがリップサービスで、「あなた、私を使って広島で撮りなさいよ」と言ってくださったこともあったんです。

ご存じのように、『ドライブ・マイ・カー』はもともと、山本晃久プロデューサーが釜山で撮影する前提で準備していて、すでにロケハンも済ませていました。しかし新型コロナウイルスの感染拡大により国内での撮影に切り替えることになり、いろいろな都市を見てまわったそうです。映画に登場する、国際演劇祭が行われるような規模感のある街として、プロデューサーが「広島もいいのでは」と、候補に入ったようです。

――そうだったんですね。

西崎　当初、濱口監督は、広島で撮ることは念頭にはなく、福岡を見に行かれたそうです。その後広島にプロデューサーと監督、助監督、カメラマンがいらっしゃったんですが、「濱口監督、お久しぶりですね」と私がご挨拶するや否や、「自分には広島を撮るのはまだ早い」とおっしゃったので、「広島はないだろうな」と思いました。監督にしてみれば、原爆を含めた広島の歴史についてよく知らない自分が、入り込んでカメラを回してはいけない、と思っていたようで、ご自身を律しているような感じでした。

しかも、通常は台本がかなりできあがってからロケ地を探すのですが、その時点では「映画のなかで演劇祭の場面がある」というのと「原作が村上春樹さん」という情報しかありませんでした。とりあえず、演劇が開催されるような市内のホールをご案内しました。すると監督が「どこか面白いところに連れていってください」とおっしゃったので、私が個人的に好きな環境局中工場というごみ焼却工場にお連れしました。そうしたらスタッフの皆さんのテンションが上がったようで、スマートフォンで写真を撮り始める方も出てきて。

——やはりあの工場の存在感は素晴らしいですよね。

西崎　丹下健三さんが、原爆ドームの保存がまだ決まっていないときに、慰霊碑と原爆ドームを結ぶ「平和の軸線」という軸線を取られました。それが広島の都市の基本線となり、戦後に復興を果たす上で大事なものになりました。その軸線から南に道なりに進んだところに、丹下さんのお弟子さんである谷口吉生さんがこの中工場を設計することとなった際、師匠の軸線を自分の建物でふさぎたくない、と海へ抜ける構造にされたそうです。そのお話を濱口監督のチームの皆さんにしたら、たいそう驚かれたんです。ごみ焼却場にまで平和の理念があるのは、文化意識が高い街の証で、だから国際演劇祭が行われている設定にぴったり、と感動されました。
次に海のほうに出たら、監督が山本さんに「ここをみさきの大切な場所に」と言われていました。私には何の話か分かりませんでした。でも二週間後、第一稿のような台本が私の手元に届いたんです。しかも、「平和の軸線」もセリフになっていたので驚きました。

『ヒロシマ・モナムール』へのオマージュ映画

――素敵なシーンですよね。みさきが家福を案内しますが、ドライバーのみさきも、家福も外から来た人です。外から来た人を案内していくシーンが、西崎さんと濱口さんとの関係とかぶってくるような感じがします。

西崎　濱口監督ならではのシーンですよね。広島は原爆で街ごと壊されてしまったので、現在も被爆したお地蔵さんや井戸水をくむポンプなどが残っています。何も知らずに街を歩くだけでは気がつきませんが、広島に住む人と歩けば、戦争の記憶が街じゅうにあるのがわかります。ごみ焼却場だけでなく、街すべてが戦争と何らかのかたちでつながっているのが広島なんです。
通常の映画チームは、廊下はどのくらい距離があるのか、この壁の色はあのシーンに使えるか、という場所探しのためにロケハンをしますから、目に見えない歴史の層や文化、建物のコンセプトはあまり関係ないんです。広島で撮らなくても「広島」と書いておけば成立しますから。一方で濱口監督のチームはそのところをとても気にしてくださっていて、本当にうれしかったです。

——原爆ドームや記念公園の慰霊碑を撮影しない、という方向性もあり得たのでしょうか。

西崎　撮り始めるときに、監督が私の横で「(慰霊碑から) このぐらい離れたら撮ってもいいかな」とすごく大きな声で独り言を言われました(笑)。なので、「何言っているんですか。撮ってください」と言ったのです。映画では、あえて避けているわけではありませんが、慰霊碑を知っている方が見てわかる程度には、フレームに収められています。私が一番驚いたのは、監督が避けていらっしゃった原爆ドームが、三秒ぐらい映っていたことです。

濱口監督らしいエピソードを挙げると、一九五九年の『ヒロシマ・モナムール』というモノクロの映画が私はとても大好きで、海外誘致のときに「『ヒロシマ・モナムール』の広島から来ました」と一言目にご挨拶すると、すごく話が弾むんです。同作のヒロインだったエマニュエル・リヴァさんが、ロケから五〇年後の二〇〇八年に広島にお見えになり、ロケ地だった新広島ホテルに行きたいとおっしゃったことがありました。

ホテルは現在、広島国際会議場に変わっているのですが、リヴァさんが泊まったであろう部屋がこのあたりだろうというのはわかったので、ぜひ濱口監督たちにお見せしようと思いました。当日いきなり会議場にお邪魔して、その部屋はいま執務室になっていたので中には入れず、覗いてもらうだけでしたが、ここがその部屋だとお伝えすると、実際にロケ地が広島に決まった後、あの部屋を絶対に使いたいと言われました。『ドライブ・マイ・カー』は『ヒロシマ・モナムール』へのオマージュ映画の一つだと勝手に思っています。

――私（佐藤）は諏訪敦彦監督の映画も大好きなんですが、『風の電話』（二〇二〇年）はご覧になりましたか？

西崎　はい、『風の電話』もご依頼があり、土砂災害の被災地のご案内などをさせていただきました。私は本来広島市が管轄で、諏訪監督が選ばれたのは広島市外でしたが、私は越境してご一緒させていただきました。

――『ドライブ・マイ・カー』のチームが滞在したのは延べ時間でどのぐらいでしたか？

西崎　二〇二〇年の九月中旬にはじめて来られて、その月末に脚本の第一稿のようなものがデータで送られてきました。その後、「スタッフを紹介させてください」とのことで制作部が一〇月から入り、一一月、少しこぼれて一二月の頭までいらっしゃいました。

――撮影の間はずっと立ち会っていらっしゃるのでしょうか？

西崎　美術スタッフと行動したり、俳優を迎えに行ったりもしますので、撮影にずっと張り付いているわけではないですが、基本的に休みはなかったですね。

会話劇を支えるトンネル

――『ドライブ・マイ・カー』の家福が泊まった呉市の御手洗地区というのは、以前からよくロケ地として使われていたのでしょうか。

西崎　いえ、山本プロデューサーが見つけてこられた場所です。反対方向の、宮島がある廿日市市《はつかいち》も見に行かれました。『ドライブ・マイ・カー』はドライブがすごく重要な映画で、廿日市は海抜けのいいポイントは一か所ぐらいしかなく、御手洗であればどこで撮影しても海辺を走ることができるので御手洗に決まったのは納得でした。

――今回の作品でも、実際に映画を観て、ここに行きたいなと思ったのが、安芸灘のとびしま海道と安芸灘大橋でした。

西崎　両方ともにすごくいい場所ですね。安芸灘大橋から家福のレジデンスまではかなり距離がありますが、実にいいポイントで撮っていらっしゃるなと感じました。実は御手洗での撮影当日、海外からの俳優たちが到着するためお迎えに行かねばならず、私は同行できなかったんです。小京都がそのまま残っているような異世界が広がり、道すがらずっときれいな瀬戸内の海沿いを走るので気持ちいいところですね。

――この映画の核心には、主人公が、仕事とプライベート、職場と自宅との間を分けきれないようなところがあります。まさにその間を行き来するドライブが、とても効果的に描かれています。

西崎　この映画は会話劇が中心であるだけに、「これだけの分量を話せるトンネルはないか」というリクエストがありました。スタッフとセリフを読んで、だいたいこのぐらいの時間がかかるというのがわかると、実際にトンネルを走って測定しました。最後の高槻との車中シーンが一番長いんですが、信号で車が止まってしまうわけにはいきません。そこで、高速三号線から海田大橋までが一番長いのではないか、と提案すると、採用されました。が、やはり夜しか撮影はできません。窓の外の風景はあまりわからないようにしながら、往来したシーンのいいところをつないだんじゃないでしょうか。

高速四号線トンネルでも撮影されましたが、ここはいつか撮ってほしいと願っていた場所です。昼間であれば川や緑地帯のほか、遠くに街が見えるすごく風光明媚な場所なんです。四号線トンネルに決まったと言われたときはすごく喜びましたが、監督に「ごめん、西崎さん、夜なんだよ」と言われました（笑）。予告編でも使われていて、夜なのにトンネルを出るとその向こうにすごくきれいに街灯りが映って、うれしかったですね。

――そのようにうまく決まれば理想的ですが、ロケ地を押さえる仕事は本当に大変だと思います。

西崎　ドタキャンになったロケ地もありました。高槻が捕まるラストシーンですが、監督に三か所ほど見てもらって決まった場所でした。その前日には高速を走り続けながら展開する、一番セリフの長いシーンの撮影が夜を徹して行われていました。道路シーンは同行できないため待機していると、朝五時にスタッフさんから「いま終わった」と電話がかかってきました。五時まで撮影して、休憩なく場所を移して一時間後の朝六時から撮影はさすがにできないから、ドタキャンさせてくださいということで、次のロケ地に朝六時にお詫びに行きました。そこから別の場所を探すことになるのですが、私がいいと思っても、監督のイメージと合わないと駄目ですから……。

映画の中ではバーも登場しますが、あれも一〇か所以上提案して、全然駄目でした。監督が「西崎さん、難しいこと全然言ってない。普通のバーでいいんだよ」とおっしゃるんですが、私は普通のバーしか紹介していないんです(笑)。でも全然OKが出ない。

――「BAR CEDAR」のシーンですね。

西崎 そう、あのお店は私には見つけられなかった。助監督が見つけたんです。コロナ禍だったのでロケハン後に飲食ができず、助監督が一人でホテルの近くに飲みに行って、いいなと思ったようです。監督も行って「いいじゃない」と即決だったそうで、私は立つ瀬がありませんでした(笑)。ネットで「オーセンティックバー」を検索すると、「BAR CEDAR」は最初に出てくるんですが、店内がすごく狭いんです。四〇人ほどいるスタッフが入れないので、あえて候補から外していたんですが、濱口監督に「カメラマン、音声など、絶対必要な一〇人が入ればいいんだ」と言われ、たしかにそうだなと思いました。

広島のイメージを一新する映画

——地元の方からこの映画について、何か面白い反応はありましたか？

西崎　第七四回カンヌ映画祭で四冠を達成したとき、私はすごいと思っていたのですが、メディアも地元も反応が少なくて、すごく静かだったんです。ところが、アカデミー賞という話になったらメディアも沸き始めて、ようやく広島の皆さんにも火がつくという感じで、少し遅れてから映画館で満席が続くようになりました。

中には、普段映画を観慣れていない方もいらっしゃったようですが、広島の風景が出てきてすごくきれいで誇らしかったと言われたのが、一番うれしかったです。他方、三時間は長過ぎるというコメントも多かった（笑）。

——西崎さんのお仕事で、グーグルマップでこの映画のロケ地めぐりができるというのはとても面白い試みだと思いました。

西崎　年間予算が少ないので、ロケ地マップを紙で印刷して配布となると、それだけで結構お金がかかります。その年の同じ時期に『孤狼の血　LEVEL2』（白石和彌監督）も公開だったのですが、両方とも紙でマップを作るのは無理なので、デジタルロケ地マップ（左図）を作りました。二〇二二年末現在で二五〇万ビューを超えています。

――すごい！

西崎　『ドライブ・マイ・カー』のほうのマップは、最初はあまり数字は伸びませんでしたが、二〇二二年に入ってから徐々に増えました。今では毎週三万、四万と伸び続けています。

――いまは皆さんスマートフォンを持っていますから、むしろグーグルマップのほうが使いやすいかもしれません。

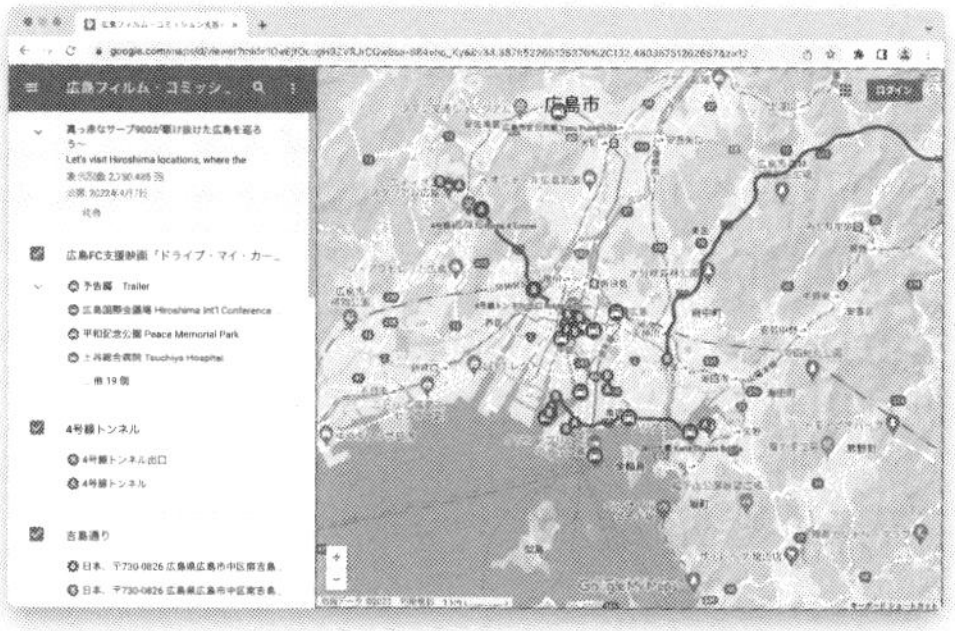

図　「ドライブ・マイ・カー」ロケ地マップ

西崎　印刷しても広島市内でないと入手できなかったりするので、その意味でも多くの方の手に届けられる手段だったと思います。また、コロナ禍で来られなかった海外の方も、収束したら行ってみようという気持ちでご覧くださっているようです。

あと、これまで参加したことがなかったカンヌの映画マーケット（マルシェ・ドゥ・フィルム）などにも参加するようにしたところ、私が営業トークをする前に向こうから「『ドライブ・マイ・カー』観たよ！」と言われたりして、驚いています。こちらが営業トークする時間もないくらい、長々と感想を聞かされたり（笑）。

――まさに、広島についての新しい名刺となる映画ですね。

西崎　『ヒロシマ・モナムール』の広島は、やはり廃墟のモノクロの印象が強いようなのですが、『ドライブ・マイ・カー』でだいぶ変わりました。広島については、原爆のことを伝えることと、今の魅力を伝えることの両輪で考えていますが、広島と聞くとモノクロしか浮かばなかった海外の方の概念を、『ドライブ・マイ・カー』がフルカラーに変えてくださった気がします。

フィルム・コミッションの仕事

――そもそも、広島フィルム・コミッションというのはどのような組織なのでしょうか。

西崎　二〇二二年一二月に設立から丸二〇年になりました。公益財団法人広島観光コンベンションビューローという観光協会の中に事務局を置いています。設立当初は、事務局長は財団の常務理事が務めていて、あとは課長と私だけ。ですから実務はほぼ一人でした。

ハードな仕事だからか、スタッフが入ってもすぐ辞めてしまうケースが多いんです。例えば、営業しているお店に、突然「映画で使いたいから店舗を貸してください」と依頼に行くのも私たちの仕事です。お店からしたら、迷惑な話なのは当然です。映画好きな方なら喜んでくださることもありますが、ほとんどの場合は「何言ってるんだ、帰れ」みたいな反応なんです。そこを懸命に交渉しますが、撮影自体はご迷惑をおかけすることですからね。撮影後に苦情が入り、謝罪に行くこともしばしばです。

――あらためて、大変なお仕事だと思います。そもそも街なかで撮影する際、地域のフィルム・コミッションを必ず通さないといけないわけではないですね。

西崎　そういうルールはありません。製作側で個別に警察などに使用許可を取っていただければ、それで大丈夫です。広島は地方都市なので、とりあえずフィルム・コミッションに相談して、となりますが、東京のような大都市では、プロのコーディネーターなどが入って、個別に許可を取って撮影していると思います。

――街の規模によっても、フィルム・コミッションの活動は異なるのですね。

西崎　他の小さなフィルム・コミッションでは、市の観光課の職員が兼務しているところもあるようです。ですから、二、三年ごとに担当者が異動してしまいます。広島フィルム・コミッションは誘致、サポート、作品の活用という三本柱でやっていますが、神戸や北九州といった予算やスタッフ数の多いフィルム・コミッションと比べると規模は全然違い、できることは限られます。あと最近はドローンを使った撮影も多いので、それに関連する法律や、撮影でのコロナ対応など、フィルム・コミッションのネットワークに加盟して勉強しています。

——もともと、映画のコーディネートのようなお仕事をされていらっしゃったんですか？

西崎　まったく違います。広島観光コンベンションビューローで、ＭＩＣＥ（Meeting, Incentive, Conference, Exhibition の頭文字で、ビジネスイベント全般の誘致事業）のための広島を売り込む仕事をしていました。海外から要人がいらっしゃったときにご案内する仕事もしていましたが、その方々は「あの広島に来られた」とおっしゃるんです。お話をうかがってみると、「あの『ヒロシマ・モナムール』の広島に来られた」という意味だったんです。それで映画の力はすごいと痛感し、フィルム・コミッションが立ち上がるときに手を上げて異動しました。

広島で時代劇を撮ってほしい

——お話をうかがっていると、西崎さんのご判断やご意見が、映画づくりにかなり影響を与えているように感じられます。

西崎　例えばコーヒーショップを撮りたい、ということであれば、どんなお店を求めているのか、台本を通して想像したり、監督やスタッフから聞いたりして、三つほど提案します。その三つが該当しなければ撮影できませんから、その意味で責任の重さを感じます。

――お店やロケーションを提案する際、広島でここを売り出したい、といった観光側の意向などが出てくることはあるんでしょうか。

西崎 それはまったくないですね。私自身なんの役職もないただのスタッフですから、余計フラットにできるのかもしれないです。

――やはり日ごろからいろいろな場所やお店をよく見て歩いていらっしゃるんですか？

西崎 よく聞かれますが、時間が本当になくて、そういうことができていないんです。私が知らないような場所についての問い合わせも多いので、いただいてからあわてて探しているのが現状ですね。

――映画製作者とフィルム・コミッションとはどのような関係、と言えるでしょうか。

西崎 私たちは、撮影に関する街の窓口で、撮影チームと対等でありたいと思っていますが、私たちを小間使いのように見るチームもあります。こちらがいくら準備しても、撮影はプロのスタッフがやるので、先方から「あなたも現場に来るの？」と言われることもあります。だからこそ、今回の『ドライブ・マイ・カー』はいろいろなやりとりが撮影チームとできて、幸せでした。

私は映画を作る側ではなく、あくまで街を守るための見張り役といったところです。予定していた撮影時間が過ぎても切り上げてもらえないことがあり、そんなとき「ここまでです」と言うのも私の役目です。一方で、作品づくりをそばで見ているからこそ、その映画について発信できることがあると思っています。それをお伝えすることで、関心を持ってもらい、一人でも多くの方に観てもらえたら本望です。

――大きな商業映画でも、独立系の小さな映画でも、基本的には同列で扱うということですね。

西崎　はい。絶対そうです。

――少し変わった立場でご覧になっているからこそ、監督やチームのさまざまな側面が見られるように思います。

西崎　先ほどお名前が出た諏訪監督は「用意、スタート！」と言うこともなくすごく静かなんです。スタッフ皆さんが諏訪監督をすごく尊敬していて、ご一緒できるのをすごく喜んでいるのが伝わり、いいチームだなと思いました。『ドライブ・マイ・カー』も同様に皆さんが同じ方向を向いていていいチームだなと感じました。例えば平和記念公園で撮影するとき、前日の夜ごろにスケジュールが送られてきますが、「本日はとても大切な場所をお借りするので、その心持ちを忘れずに」と備考のところに書いてあったんです。街へのリスペクトに胸がジーンとしてしまいました。

――フィルム・コミッションとして、今後どういうことをしていきたい、といったことはありますか。

西崎　現状、市としてフィルム・コミッション事業の優先順位が必ずしも高くないので、それをもう少し上げたいですね。それができれば予算も増えるし、活動の幅も広がります。

――これから映画づくりに関わりたいという人たちに、伝えたいことはあるでしょうか。

西崎　やはり、フィルム・コミッションをうまく使いこなしてほしいですね。こちらとしてもいい作品にしてほしいですから、広島市内に限らず、イメージにあった場所をできる限り紹介します、という心持ちでいます。いろいろな相談もしてほしいですし、一緒に作っている仲間だと意識していただけたらうれしいです。

――広島でこんな映画を撮ってほしい、というご希望はありますか？

西崎　時代劇を撮ってほしいんです。それが実現したら引退してもいいぐらい（笑）。いわゆるそれっぽいロケ地は、広島城近くのちょっとした橋ぐらいしかないのですが、時代劇＝京都と江戸だけでなくて、江戸時代、広島も城下町がすごくにぎわっていました。ちなみに、戦前の広島を舞台にした『この世界の片隅に』（片渕須直監督）というアニメーション映画がありますが、あれも『ヒロシマ・モナムール』以前の、生き生きとした広島を伝えていただけてすごくうれしかったです。

――濱口監督と並んで国際的に注目されている三宅唱監督も、近年時代劇を撮っていらっしゃいますね（『密使と番人』）。

西崎　三宅監督！　時代劇でなくてもよいのでぜひ広島で何か撮ってほしいです。お待ちしています（笑）。

（二〇二二年一二月一三日、オンラインで収録）

バザンへの回帰
――『ドライブ・マイ・カー』における「ワーニャ伯父さん」

ロバート・チェン
冨塚亮平（訳）

一・序論

村上春樹による同名小説のアダプテーションであることに加えて、映画『ドライブ・マイ・カー』は、アントン・チェーホフの戯曲「ワーニャ伯父さん」をその物語構造の主要な要素として用いている。『ドライブ・マイ・カー』は、映画の登場人物たちが演劇を稽古するために集まる物語として要約することが可能であり、映画は舞台上での「ワーニャ伯父さん」の上演とともに終わる。映画的装置としての「映画内演劇」は新しいものではない。しかし、濱口竜介は本作においてチェーホフの戯曲を改変することで、登場人物間の関係のみならず、映画と演劇の境界を横断する可能性について探究してもいる。そのことは私に、「撮影された演劇」（舞台演劇の純粋な記録）と「映画的な演劇」（映画的な要素が劇作品の効果を向上させ、高めるために用いられる）を比較したアンドレ・バザンによる独創性に富んだ論考「演劇と映画」を想起させる。この論考でバザンは、二つの芸術様式の間の論争を解決し、映画と演劇がともに協力するときには実際には互恵的な状態にあることを示そうとした。『ドライブ・マイ・カー』は、このバザンの主張を体現する優れた一例である。本稿において私は、バザンの論考におけるいくつかのキーポイントを強調しつつ、映画内で登場人物たちが「ワーニャ叔父さん」の稽古と上演を行う場面群に焦点を当てる。まずは、映画終盤のある長いシークエンスから議論を始めよう。

二・高槻と家福の長い対話

『ドライブ・マイ・カー』の終わり近く、高槻と家福は、家福の妻である音、そして彼女が語った、密かに愛する少年の部屋に忍び込む女子高生をめぐる未完成の物語について長い対話を行う。音の突然の死によって、物語の結末について聞く機会を持たなかった家福に対して、高槻はその空隙を埋め、物語を完結させることができた。

物語の彼のパートを語り終えた後、高槻は音を「本当に素敵な女性」として褒め称え、家福に改めて思い出させる。「そんな素敵な人と二〇年も一緒に暮らせたことを、家福さんは感謝しなくちゃいけない。僕は、そう思います」。運転手のみさきは、この場面全体を通して沈黙を守っている。高槻が車を降りたのち、彼女は家福に意見を述べる。「嘘を言っているようには聞こえませんでした。それが真実かどうかはわからないけど、高槻さんは自分にとって本当のことを言っていました」。みさきは、人が嘘をついているのかを見分ける能力に自信を持っている。なぜなら彼女は「嘘ばかりつく人の中で育った」からだ。それが彼女の生き延びる術であった。

たとえ高槻が語る物語の結末が、信じるにはあまりにも劇的すぎるとしても、みさきは高槻が「彼にとって真実であること」を語っていることを強調する。さらに言えば対話の全体は、家福のサーブ900の内部という、私的で囲い込まれた空間で行われる（図1）。目に涙をたたえながら、高槻はあたかも家福に向かって罪の告白（懺悔）を行うかのように、音への感情をはっきりと告げる。このことも、おそらくは彼が嘘をついていないことを示すさらなる証拠となるだろう。

みさきの発言は、映画における真実（truth）と事実（fact）についての議論を引き起こす。バザンはかつて、高槻の感情を表現するのにぴったりと当てはめることができる形で、事実の概念を巧みに定義した。「現実性の美学」においてバザンは、ある事実とは「それ自体が多元的で曖昧さに満ちた具体的な現実性の断片である。そしてその意味は、精神によって互いに関連づけられる他の諸事実のおかげで、ただ後から《ア・ポステリオリ》引き出されてくるものにすぎない(1)〔1〕」と述べる。ある事実とは、ある特定の真実を単純に指す用語ではなく、ある人間が物質的世界および他の人々と結ぶ関係を指す言葉でもある。この場面で高槻は、自分の音との関係を間接的に暴くことで、真実を伝えていると言えるのだ。

図１　サーブ900車内における高槻の告白

バザンによる事実の定義は、高槻は「自分にとって本当のこと」を言っていた、というみさきの発言と響き合う。さらにその定義はまた、なぜ濱口が彼の作品群において、物語構造の一部として劇作品を取り入れることを好むのかを理解しようとするうえで、極めて重要なものだ。例えば『寝ても覚めても』（二〇一八年）には、イプセンの『野鴨』の役柄を稽古する人物が存在するが、そのパフォーマンスは突然の地震のせいで中断させられる。また『ハッピーアワー』（二〇一五年）の長いシークエンスにおいては、主人公の一人があたかも演劇に向けた稽古のような擬似ワークショップを組織する。

『ドライブ・マイ・カー』に現れる演劇と映画を結びつける最も印象的な例は、映画の三分の一以上が過ぎた後のテーブルでの本読みの場面（図2）、リハーサルのシーン、そして最後の「ワーニャ叔父さん」上演場面である（映画には、「ゴドーを待ちながら」の短い上演場面もまた現れることには注意すべきだろう）。濱口はあるインタビューにおいて、村上春樹の短編を映画の脚本へと翻案するなかで、彼の小説を選んださまざまな理由の中でも、特に家福の世界と「ワーニャ叔父さん」の世界との間にこそ、ある強いつながりを見いだしたと明かした。

図2 『ドライブ・マイ・カー』におけるテーブルでの本読み

村上の小説における家福は、映画における彼と瓜二つである。小説では彼は「舞台上で週六日」ワーニャ役を演じる俳優である。彼が個人ドライバーを必要とするのは、まずは飲酒運転によって免許が停止されていたからだ。しかし、最も重要な理由は、彼の視野欠損を引き起こした左目の緑内障であり、そのため自身で運転することは危険だからである。小説の家福は映画と同様に、劇場に着くまでの間、カセットテープの録音を暗唱しながら「ワーニャ叔父さん」の台詞を練習する。まさにこの点において、小説と映画の間のある大きな差異が見いだされるのであり、そのことには分析の価値がある。（読者である）我々には村上の家福がどのように台詞を暗唱するかはわからないが、映画においては、（観客は）妻に用意されたカセットテープを再生することで台詞を稽古する彼を見て、聞くことになる。家福がみさきに説明するように、音はワーニャを除くすべての登場人物の台詞を暗唱する。したがって、家福が正しいペースでワーニャの台詞を口にすれば、次の台詞が正確に始まることとなる。それが、彼がワーニャ役を稽古する方法である。

また我々は、カセットプレーヤーと車の視覚的な類似に注意する必要がある。二つのローラーとともにテープを巻き、巻き戻すことで機能する。二つのローラーが回転するとき、それはまさしく車のタイヤを片側から見たときのようである（図3）。車が動いているなかで、ワーニャの台詞を暗唱するために家福がテープを再生するとき、彼はサーブ900の車内に、ある移動式の劇場を作り出している。この個人的な劇場で、注意深く濱口によって選ばれた特定のワーニャの台詞を暗唱することで、家福は音との関係性を思い起こすことができる。このことは、家福にとって、そして濱口にとっても重要である。

図3　カセットテープと車のタイヤの重なり

家福は、帰宅し音が亡くなったことに気づく前に、以下の台詞を暗唱する。

音の声「あの人は、それで身持ちはいいのかい？」
家福「そう、残念ながら」
音の声「どうして、残念ながらなんだ？」
家福「それは、あの女の貞淑さが徹頭徹尾まやかしだからさ」

これらの台詞は、第一幕冒頭のワーニャと医者の会話から取られた、教授の新妻エレーナの貞淑さをめぐるものだ。これらの台詞がここで話されるのは驚くべきことではない。なぜなら、映画の序盤において家福はすでに、音がある男（おそらくは高槻）と浮気をしている現場を目撃していたからだ。しかしながら、我々はまた映画から、結婚生活の破綻を恐れた家福が、音の不貞という真実とは曖昧にしか向き合ってこなかったことを知ってもいる。濱口は巧みにこれらの台詞を選び出すことで、家福のためらいを表現したのだ。

三・バザンが定義する演劇と映画の関係

「演劇と映画」におけるバザンの「演劇と映画の関係は一般に思われているよりも古く、しかも深いものである」[2]という主張は、濱口による「ワーニャ伯父さん」の用い方を支持しているように思える。バザンの論考は、劇作品の映画への翻案の問題と、それぞれの芸術形式に特有の特徴を発展させるためにいかに両者が相互に絡み合うかを主に論じたものだが、それは我々が『ドライブ・マイ・カー』における登場人物と彼らの関係性を理解するために、いかに「ワーニャ伯父さん」が貢献するのかを明らかにするうえで助けとなる。

バザンは、演劇と関係する映画の二つの形式を識別した。映画は撮られた戯曲、バザンが呼ぶところの「撮影された演劇」であるか、映画の新たな複合物としての「『映画という芸術の要請』に合わせて翻案された戯曲」[3]であるとされる。バザンは、ジャン・ルノワールの『素晴らしき放浪者』（一九三二年）が同名の戯曲から触発されつつも、[2]原作より優れたものとなっていると主張した。一方で濱口のケースにおいては、映画における「ワーニャ伯父さん」の使用は、戯曲を覆い隠そうと意図されているわけではない。それどころか、まさに絶え間なく動き回るサーブ900と同じように、戯曲それ自体が、映画の物語を操縦していくために極めて重要なのだ。

バザンは、「テキスト（台詞）」、すなわち登場人物によって語られる言葉の重要性を強調した。「テキスト（台詞）こそが、表現のあり方や描写のスタイルを決定する。つまり、テキスト（台詞）は最初から潜在的に演劇なのだ[4]」。言い換えれば、「ワーニャ伯父さん」の台詞を引用することで濱口は、台詞に埋めこまれた演劇性の力を彼の映画に持ちこんだのだ。先述したエレーナの貞淑さをめぐる台詞を再び例にとろう。家福はそれらの台詞をいくぶん平板なトーン（後述する濱口による興味深い映画的装置）で口にするが、我々はそれらの言葉が、家福が倒れている音を発見する直前に発話されていたことに気づいた後で、途方もなく強い衝撃を覚えるだろう。その瞬間、音の不貞は家福とは無関係なものとなり、我々は彼を気の毒にすら感じ始めるかもしれない。

台詞と演劇性をめぐるもう一つの例は、広島での演劇祭初日に家福が到着したあとで、みさきが彼を宿へと車で送っていく場面[5]に見いだせる。ここでは濱口は、ワーニャが教授と激しい議論を闘わせ、教授を拳銃で殺そうとするに至る、第三幕最終部の台詞を選んでいる。ワーニャは田舎の地所を世話することで自らの人生を無駄にしたのに、誰もそのことを感謝していないように思えると嘆く。

お前は僕の人生を踏みにじった。僕には人生なんてなかった。お前のせいで、ぼくは自分の人生の華の歳月を無駄にし、台無しにしてしまった。

さらに彼は言う。

ぼくだって、才能もあれば頭もある。度胸だってあるんだ。まともに人生を送っていれば、ショーペンハウエルにだって、ドストエフスキーにだってなれたんだ。

（この）ワーニャのモノローグは家福の精神状態と共鳴している。音の死という破壊的な経験から二年後、家福は「ワーニャ伯父さん」を監督するために広島演劇祭に招かれる。これらの台詞は、家福が悲しみを乗り越えたかどうかがいまだに疑わしいままであることを示唆するように思えるが、彼は新たな出発をこそ切望する。広島への旅は、彼にとっての贖罪であったのかもしれない（そしてそうであった！）。

ワーニャが教授を殺そうとする同じ場面は、映画における舞台でのリハーサル場面にも現れ、それがある予想外の新事実を明らかにする。ワーニャを演じる高槻は、狂ったように取り乱して教授を追いかけるが、彼を殺し損ねる。そして、リハーサルが終わったあとで警察が現れ、高槻が昨晩ある男性を傷つけ、その男がいまや亡くなったことを告げる。皆を驚かせながら、彼は連行される。ここでの演劇性は、家福がワーニャ役に高槻を起用することを決めた理由を明らかにする。先行する場面で、高槻は家福に向かってオーディション時の自分が「やぶれかぶれで、めちゃくちゃ」だったことを認める。家福は彼に「君は、自分を上手にコントロールできない。社会人としては失格だ。でも、役者としては必ずしもそうじゃない」と返答する。

家福の観察によれば、高槻の役者としての資質は、彼が相手役とテキストに自分を差し出すことができる点にある。皮肉にも、こうした資質こそがまさに、家福が彼の人生において、そしてワーニャがチェーホフの戯曲において欠いているものなのだ。前述の通り、家福は彼の結婚と人生における未解決の葛藤を避けてきた。彼は、音が頼んだ通り、あの日もっと早く帰宅していれば、彼らの関係が変わってしまったかもしれないことに気づいていた。彼は音に応答し損ねたのだ。一方で、チェーホフによってワーニャは、時の変化に応答し損ね、最後の瞬間に自らの人生全体が無駄だったことに気づく人間として描かれる。高槻をワーニャ役にキャスティングすることで家福は、音亡き後の自らの人生の袋小路から抜け出す可能性を見いだしたように思える。ただし、高槻は行き過ぎたのである。

この場面はまた、有名な演劇的装置である「チェーホフの銃」の範例でもある。チェーホフはかつて、同時代の人々に「第一幕で銃を壁に吊したなら、続く幕でその銃は撃たれるべきだ」と助言した。銃は単なる舞台上の小道具ではない。それはここで、家福の受動的な姿勢とは対照的に、無許可で彼の写真を撮ろうとする人々を許さず、思いがけず一人の男を殴り死に至らしめるなど、行動を起こす際に躊躇しない高槻の象徴となっている。

この力強い場面は、「テキスト（台詞）は最初から潜在的に演劇なのだ」というバザンの主張の正しさを再び証明する。さらに、我々はこれらの例から学ぶことでおそらく、なぜ濱口（そしてもちろん村上）が、他の劇作家ではなくチェーホフを選んだのかを理解することができる。家福はかつて高槻に「チェーホフは、恐ろしい。彼のテキストを口にすると、自分自身が引きずり出される」と述べた。家福はそのことにこれ以上耐えられなくなったからこそ、ワーニャ役を演じたがらなかったのだ。

四．ジャン・ルノワールの「イタリア式本読み」

ここでは台詞の重要性が明らかにされているが、演劇性は、それらの台詞が伝えられる方法に依存する形で引き出される。『偶然と想像』（二〇二一年）をめぐるあるインタビュー[6]で、俳優たちと仕事をする際の手法について尋ねられた濱口は、ジャン・ルノワールの手法を踏襲したうえで、脚本を数十回にわたり感情表現を抜きにして繰り返し読むことを役者たちに要求する、「イタリア式本読み」の彼自身のバージョンを作り出したと述べた。『ジャン・ルノワール——ある伝記』によればルノワールは、リハーサルの間、役者たちにいかなる感情表現も禁じつつ、「あたかも電話帳を読むかのように」テキストを繰り返し読まなければならないと強く要求したという[7]。ルノワールは、この段階で演者たちがテキスト（台詞）を解釈してしまうと、それは紋切型に陥ってしまうと信じていた。彼は役者たちに「演じることなく言葉を話し」、テキストを数回読むまでは考えないようにと助言した。この方法によってのみ、テキストの意味が役者たちにとって明確になる。撮影が始まったときにも、これらの台詞を可能な限り自然に言えるようになる。

ジャニス役を演じた台湾人女優のソニア・ユアンが『ユナイタス』誌のインタビュー(8)で回想しているように、濱口は『ドライブ・マイ・カー』で役者たちとリハーサルを行うにあたり、「イタリア式本読み」を採用しただけではなく、テーブルで「ワーニャ伯父さん」の本読みを行う際に、映画における彼の化身である家福に、同じ方法でキャストたちへの演技指導を行わせてもいた。例えばあるシーンでは、リハーサルの手法について質問する高槻に対し、家福は単純にこう注意する。「一度、自分のテキストに集中してみろ。ただ読むだけでいいんだ」。

「イタリア式本読み」の手法は、異なる国からやって来た、さまざまな言語——日本語、韓国語、英語、標準(北方)中国語、タガログ語、インドネシア語、ドイツ語、マレーシア語の興味深い混合物——を話す共演者たちにとっても極めて重要なものだ。決定的に重要な韓国手話を加えたこれらすべての言語は、映画(『ドライブ・マイ・カー』)と劇中劇(「ワーニャ伯父さん」)を通じて編み合わされる。台詞に集中することで、それぞれの人物は他の登場人物が発話する台詞に紋切型ではない形で応答することを学ぶ。彼らは言葉とその意味によってではなく、イントネーションやリズムによって通じ合う。音声はここでシニフィエなきシニフィアンとなる。しかしそれは、フェルディナン・ド・ソシュール風の記号の定義(何かが記号として認可されるためには、それはシニフィエでなければならない)を踏襲するならばそう呼ばれるだろう、空虚なシニフィアンではない。登場人物たちが台詞を交換するにつれ、それはジャック・ラカンが言うところの「シニフィアンの連鎖」、あるいは互いにつながり合った一群のシニフィアンとなるのだ。

したがって、聞くことは演技の過程において最も重要な要素となる。それは役者たちに音を理解することと、音の間の静止やトーンの変化に注意を払うことなどに焦点を当てるよう要求する。演者たちは、さらにそれ以上、話されている言葉の意味を理解しようとする必要はない。舞台の上では、そこに身振りや動きが付け加えられることで、それらがさらに役者たちが意思を通じ合わせる助けとなる。それゆえ、誰もが彼／彼女自身の母語を話しているにもかかわらず、聞くことが相互作用のドミノ倒し効果を生み出す。「イタリア式本読み」の手法は、登場人物とテキスト（台詞）の関係を逆転させる。登場人物がテキストを読むのではなく、テキストが登場人物を読み、そのことが、家福がかつて述べたように、他の登場人物や観客に対して、「本当のあなた」を示すこととなる。

唖者であるユナがソーニャ役に選ばれたのも、同様の発想からだろう。彼女は韓国手話を通じて自らを表現する。彼女は「話す」とき、身体の動きと表情といった直接的なコミュニケーションの形式を用いる。彼女はその他の「話す」俳優たちよりもはるかに自らを開くのだ。

濱口もまた、前述のインタビューで「ワーニャ伯父さん」上演場面の描写において手話を使用したことの重要性を指摘した。このシーンではユナ演じるソーニャが、家福演じるワーニャを慰撫するために、彼女の最後にして感動的な独白「仕方がないの。生きていくほかないの」を韓国手話で表現する。ミディアムショットが、これらの台詞を伝えるために表情と手や身体の仕草を用いて家福の背中に寄りかかる彼女の姿を捉える。映画の観客としての我々は、映画内の劇場の観客よりも近くから彼女の演技を眺めることができる。ソーニャが最後の台詞（「その時が来たらあたしたち、ゆっくり休みましょうね」）を伝えるとき、カメラは切り替わり、劇場全体と、座席にいるほかないうえに、距離によってソーニャの感情のこもった台詞から隔てられた観客たちの姿を示す。ここで濱口は、バザンが演劇に対して映画を賞賛したことに同調しているようだ。映画は、舞台では扱われない特定の細部を示し、そこに光を当てることができるのである。

五・結論――『ドライブ・マイ・カー』における「ワーニャ伯父さん」翻案の重要性

「演劇と映画　第二部」[3]の末尾でバザンは、演劇と映画の関係性についての三つの命題を提起した。それらを用いて『ドライブ・マイ・カー』における「ワーニャ伯父さん」翻案の重要性について考えることで本稿の分析を締めくくろう。簡単に言えば、バザンの命題は以下の三つとなる。①演劇は映画を助け、豊かにし、高める。②映画は演劇を救う。③映画は演劇に新たな命を授ける。

『ドライブ・マイ・カー』の物語とそれぞれの命題の関わりについて詳しく述べよう。

①「ワーニャ伯父さん」、あるいはそのリハーサルは、明らかに映画の中で重要な役割を担っており、そのことが、今度は観客が登場人物たちをよりよく理解する助けとなる。「イタリア式本読み」の手法を通じて、各人物はそれぞれの最良のパフォーマンスを行うことができる。国籍や言語についての異なる出自は、彼らのコミュニケーションを妨げることはない。韓国手話を使う韓国人女優が演じるソーニャと、標準中国語を話す台湾人女優が演じるエレーナによるリハーサル場面は、家福から称賛を勝ち取る。彼は満足して「今、何かが起きていた」と述べる（図4）。彼はこの例を用いて俳優たちに、このような瞬間を再び舞台上で創り出し、それを「観客に開いて」いかなければならないと知らせる。家福はこの何かを生み出す属性を、チェーホフの戯曲に帰している。なぜなら、「このテキストにはそういうことを起こす力がある」からだ。

図4 「今、何かが起きていた」

②本作の中心的な主題ではないが、家福は高槻の逮捕後に自らワーニャ役を務めることを受け入れることで、「ワーニャ伯父さん」の上演を「救う」。物語が展開するにつれ、我々は彼の心変わりの理由を深く理解する。

彼とみさきが彼女の生家の跡地を訪ねるために北海道へと車を走らせるとき、二人はそれぞれの後悔——彼が音を救うためにもっと早く帰宅しなかったこと、彼女が地すべりの最中に母を助けなかったこと——を告白する。二人の会話は、あたかも「ワーニャ伯父さん」のソーニャの台詞を引用したかのような、次の言葉で終わる。

> 生き残った者は死んだ者のことを考え続ける。どんな形であれ。それがずっと続く。僕や君は、そうやって生きていかなくちゃいけない。

家福にとって、これらの言葉は音との和解と彼自身の贖罪を示すしるしとなる。彼はとうとうワーニャを演じることに同意し、そのことで自らを救う。

③バザンは「映画が実際、演技における真実味についての私たちの感覚を変えてしまった[9]」と述べた。最後の「ワーニャ伯父さん」上演シーンでは、バザンの最後の命題を裏付けるような、四つの連続するショットが特筆に値する。一つ目はすでに述べたソーニャ（ユナ）がワーニャ（家福）を慰める正面からのミディアムショットだ（図5）。そこで彼女が伝えるのが、「そ

図5　ソーニャとワーニャの正面からのミディアムショット

図6　舞台上からの、観客と向き合うショット

して最期の時がきたら大人しく死んでゆきましょう」という台詞だ。

二つ目のショットでは、カメラはステージ後方に位置する（図6）。我々映画の観客は俳優たちの背中とともに劇場の観客の姿を見る。このショットは映画の観客に与えられた特権である。なぜなら、演劇の観客はこのような視点からパフォーマンスを見ることは決してないからだ。このカメラ位置は、舞台上の役者たちの真正性をより強める。

第三のショットは、舞台の全景を観客側から捉える（図7）。舞台中央にはソーニャとワーニャが、両側にはその他の役者たちが見える。舞台中央奥にかけられたスクリーンには、観客がユナの演じる手話を理解できるよう、「大人しく死んでいきましょう」という台詞が異なる諸言語で表示される。

四つ目のショットは、直前のショットに対する切り返しショットだ（図8）。みさきが観客たちの間で、映画を通じて見せてきた無表情で上演を見つめている。我々には、彼女が上演についてどう思っているのか、そして最も重要なことに、ユナの最後の台詞についてどう思っているのかはわからない。このショットははじめ普通に見えるが、それを次の（そして最後でもある）場面と結びつけたとき、重要なものとなる。上演終了後、濱口は、みさきが（おそらくは家福から餞別として送られた）赤いサーブ900を運転するところへと場面をつなぐ。再び、クロースアップショットの助けを借りて、我々は今度は彼女の笑顔を見る。そしてそこでそれ以上に、彼女が母と（母を助けなかった）自らの後悔を記憶するために残していた頬の傷が消え去っていることにも気づかされる。

『ドライブ・マイ・カー』は、観客にわかりやすい結末を与えることはない。我々には、「ワーニャ伯父さん」終演時の家福の精神状態ははっきりとはわからない。しかし、一つだけ確かなことがある。「ワーニャ伯父さん」の上演を見た後で、みさきには新たな命が与えられたのだ！

図7　舞台のフルショット

図8　みさきの切り返しショット

注

(1) Bazin, Andre. "An Aesthetic of Reality" from *What is Cinema? Vol. 2*. Hugh Gray trans., Berkeley: University of California Press, 1971, 37.「映画的リアリズムと解放時のイタリア派」『映画とは何か Ⅲ 現実の美学・ネオ＝リアリズム』小海永二訳、美術出版社、一九七三年、四五頁。

(2) Bazin, Andre. "Theater and Cinema" from *What Is Cinema? Vol. 1*. Hugh Gray trans., Berkeley: University of California Press, 1967, 81.「演劇と映画」『映画とは何か（上）』野崎歓、大原宣久、谷本道昭訳、岩波書店、二〇一五年、二二四頁。

(3) *Ibid.*, 83, 同前、二二九頁。

(4) *Ibid.*, 84, 同前、二三一頁。

(5) このシーンの前に、家福が三度にわたってサーブ900を駐車場に入れることに気がつくかもしれない。いまや、車を制御しているのはみさきである。彼女ははじめて駐車場から出る車を運転している。この運転手と車の向きの変化は、映画と家福にとっての転換点を象徴するものと言えるだろう。

(6) WORD & IMAGE (1) - Wheel of Fortune and Fantasy (Interview with Ryusuke Hamaguchi) (filmparlato.com). 最終アクセス、April 24, 2022.

(7) Pascal Merigeau, *Jean Renoir: A Biography*, trans. Bruce Benderson, Philadelphia: Running Press Adult, 2017, 168. 同書では、ルノワールと仕事をした俳優たちは、一人を除いて誰もこの稽古について記憶していなかったとも述べられている。

(8) UNITAS/ LIAN HE WEN XUE. *Hamaguchi Ryusuke and Drive My Car*. March 2022, No. 449.

(9) Bazin, "Theater and Cinema", 122,「演劇と映画」、二九四頁

〔1〕バザンの論考についてはいずれも既訳（「演劇と映画」『映画とは何か（上）』野崎歓、大原宣久、谷本道昭訳、岩波書店、二〇一五年および「映画的リアリズムと解放時のイタリア派」『映画とは何かⅢ 現実の美学・ネオ＝リアリズム』小海永二訳、美術出版社、一九七三年）を参照しつつ、一部文脈に応じて訳語を改めた。

〔2〕映画『素晴らしき放浪者』（一九三二年）の原題は、ルネ・フォーショワの原作戯曲と同じ『水から救われたブーデュ *Boudu sauve des eaux*』である。

〔3〕もともとは『エスプリ』誌に二号にわたって分載されていた当該論考は、最新の日本語訳では一つにまとめられている。

＊本稿の図版はすべて『ドライブ・マイ・カー』濱口竜介監督、二〇二一年（DVD、TCエンタテインメント、二〇二二年）より引用。

越境する赤いサーブ
——濱口竜介の『ドライブ・マイ・カー』論

ファン・ギュンミン

一・はじめに

映画が終盤に差し掛かったころ、主人公の家福がデッキの上から夜の暗い海を眺めている。スクリーンの半分以上を占める海は、彼をいまにも飲み込みそうなほど激しく波打っている。鮮やかな赤色の手すりが彼と海の間を横切っている。その赤い直線は、彼が立っているこちら側と海の彼方を定める境界線のようだ。この境目の前に立ち家福が見ているのは何なのか。そもそも彼はなぜこのフェリーに乗っているのか。この問いを考える際に、私はどうしても映画のあらゆるところに出没するスウェーデン製の赤い車「サーブ900」の存在を思い出してしまう。なぜなら映画における主要な出来事はこの小さな車を中心に起こり、赤いサーブは移動手段という乗り物本来の機能を超え、物語を運んでいく能動性をも保つからである。つまり、彼をここまで引っ張ってきたのは、その小さな車なのだ。

『ドライブ・マイ・カー』において、車が重要な役割を担う点は、イランのアッバス・キアロスタミの映画を想起させる。『そして人生はつづく』（一九九二年）、『オリーブの林をぬけて』（一九九四年）、『桜桃の味』（一九九七年）、『10話』（二〇〇二年）など、キアロスタミの映画において車の活用は目立っている。例えば、イランの地形的な特徴が車の独特な動きを作り出し、その動きが物語の進行と緊密に関わっており、さらには車という限定された空間の中で、人物たちの関係が形成される。このようなキアロスタミ映画を、ローラ・マルヴィは「the mobile cinematic style」と命名し、車特有の空間性とそれに関わる映画メディアの問題について分析を行っている。[1]

村上春樹の短編集『女のいない男たち』に収録されている三つの短編小説を組み合わせているものの、そのうちの一つ「ドライブ・マイ・カー」という題名をそのまま冠している本作において、車は物語の主たる舞台であり、「the mobile cinematic style」にふさわしく重要な視覚的要素である。とりわけ車内シーンの撮り方に関して、濱口は「キアロスタミ映画のような場面が撮れるんじゃないか」と考え、「自然とキアロスタミのカメラポジション」を参考にしたという。[2] しかし『ドライブ・マイ・カー』に見られる車の活用は、キアロスタミのそれとは異なる独自の美学を作り出しており、それは「越境」という物理的で、象徴的な動きを通じて完成されている。本稿は、幾たびもさまざまな境界を乗り越えていく赤いサーブの経路を追いながら、車の映画として『ドライブ・マイ・カー』における赤いサーブの表象を解明し、濱口ならではの「the mobile cinematic style」を定義するための予備作業を行うことになるだろう。

二・動きの感覚

映画批評家の伏見瞬は『ドライブ・マイ・カー』の質感を「滑らかさ」と定義し、「肌をそっと撫でる細かい指のごとき、途方もない滑らかさ」、「上質な絹のごとき滑らかさ」が映画全体から伝わっていると述べている。その感覚は映画の技術的な側面に大きく起因する。例えば、「中央高速道路や広島の国道を進んでいく真っ赤なサーブ」を「滑らかにフレームに収め」た撮影と、「ドラムやウッドベース、ピアノやアコースティックギターで滑らかに伝える」音楽、「俳優の声や周囲の具体音と、石橋英子による音楽を自然に溶け合わせ」た整音が主要な役割を果たし、さらにはアントン・チェーホフの戯曲や村上春樹による小説をベースに舞台が完成されるまでの過程と、「家福が喪失感に向き合う過程」を同時進行させる脚本にも滑らかさが貫かれているという。(3) この指摘に概ね同意するものの、私は滑らかさを構成するもう一つ欠かせない要素があると主張したい。それは赤いサーブの動きである。

北海道で撮影した一部の場面を除けば、赤いサーブは終始スムーズで、しなやかに動いている。もちろん、その動きの感覚は自動車が走る環境にも関わっている。建物や橋、電柱、トンネルなど、人工的な構造物が作り出す縦横無尽に広がる幾何学的な地形の中で、赤いサーブは滑らかなカーブを曲がり、真っ直ぐに敷かれた道路を緩やかに滑り抜けていく。約四〇分にも及ぶ、例外的に長いアバンタイトルにまたがって、赤いサーブは東京から広島へ向かい、映画の後半では北海道を、短いエピローグでは韓国の道路を走る。県境と国境を乗り越える自動車のこうした物理的な移動は、文字通りに「越境」を具現化し、そのよどみない進みの様子こそが、人物の暗い内面へ浸透していく物語の進行に合致している。

しかしこの滑らかな動きは、映画の前半における衝突事故で一度中断される。家福が妻の不倫を目撃した直後に起こるこの突発的な出来事は、家福のトラウマを象徴するブラインド・スポット、そして妻との関係における亀裂を可視化する兆候であり、同時に物語の方向転換を暗示する伏線でもある。言い換えれば、車の動きが作り出す感覚は単に映像の表面的な質感だけでなく、登場人物の内面や関係を探索する象徴的な「越境」へとつながるものであり、これから複雑化していく赤いサーブの機能や空間性の様相において、不可欠な要素だといえよう。

三・第一の越境――異界への入り口

赤いサーブの「越境」が始まるのは、家福が妻である音の不倫を目撃するあたりからである。俳優兼舞台演出家である家福は、ウラジオストクで開かれる演劇祭の審査委員を務めるため、自家用車で空港へ向かう。駐車場に車を停めた直後、演劇祭の事務局から悪天候により飛行機の運行がキャンセルされたというメールが届く。彼はそれを見るやいなや躊躇なく車に乗り、家路につく。玄関のドアを開け、リビングに入った彼の目には、他所《よそ》の男に抱かれ、喘いでいる妻の姿が入ってくる。それまで満ち足りた生活を過ごしていた家福と音の関係における亀裂が可視化し、ここから物語が急展開していくわけだが、このシークエンスには不思議なショットが挿入されている。それは赤いサーブのワンショット《single shot》だ。

濱口の映画を経験した観客であれば、誰しもが彼の映画の持つ饒舌さに納得するだろう。『ドライブ・マイ・カー』も例外ではなく、ほとんどの場面において人物が映され、会話を交わしている。さらに赤いサーブは、家福/音/みさきの運転によって、どこかを常に走行しており、車内は（会話であれ、音の朗読であれ）人物の声に満たされている。それゆえに運転者が映されず、単に車だけを収めているショットは異質なのだ。しかも物語の展開において、このショットは必然的なものではなく、むしろ物語への没入を妨げるほど、赤いサーブの存在感があまりにも目立ちすぎている。

約八二〇以上のショットから構成される『ドライブ・マイ・カー』において、赤いサーブのワンショットは五回確認できるが、このシークエンスには二度も挿入されている。最初のショットは、空港から帰宅した家福が駐車スペースに車を停めた後、立体駐車場の前に止まっている車を捉えている（図1）。二番目は、妻の不倫現場を目撃した直後、建物の前でタバコを咥えている家福を映したショットに続き、開かれていく駐車場の扉の中から姿を現す赤いサーブを収めている（図2）。特筆すべきは、どちらのショットにおいても赤いサーブが立体駐車場の「開いている扉」とともに映されていることである。

社会文化的に「扉」はさまざまな象徴や比喩として使われてきた。外側と内側、あるいはこちら側とあちら側を隔てる境界となり、二つの空間をつなげる通路、または入り口となるのが扉である。[4] 扉を挟んで二つの空間が分けられていると思われるが、開かれた扉を通じて移動するのは、物理的なアクションだけでなく、目に見えない境界線を越え、別の世界へ進んでいく象徴的な行為として考えられるだろう。そうであるならば、重々しい扉の前にたたずんでいる赤いサーブのショットは、これから家福が向かい合わなければならない内面の世界へ足を踏み入れることを暗示するのではないだろうか。該当のショットが家福のトラウマになる事件の前後に配置され、物語に転機をもたらす点を考えると、赤いサーブの「越境」の象徴性が明確になる。

図1　赤いサーブのワンショット1

図2　赤いサーブのワンショット2

一方、音にとって扉は、夫を裏切り重ねてきた浮気を止めるための一種の出口を意味する。家福が音の不倫を覗き見た後、二人は一度交わる。この際、音はオープニングにおけるセックスの後に聞かせた「空き巣少女」の続きを語り始める。片思いの同級生・山賀の家に再び忍び込んだ少女は、

図3　赤いサーブのワンショット3

図4　赤いサーブのワンショット4

不意に自分が前世はやつめうなぎだったことに気がつき、それまで禁じていた衝動を抑えきれず、自慰行為をする。そのとき誰かが帰ってくる物音がし、まもなく少女がいる部屋のドアが開く。音のストーリーはここで終わる。いや、正確に言えば、家福が音に聞かされた少女の物語はここまでだ。ドアを開けたのが誰なのか、少女はどうなったのか、この時点で家福にはわからない。だが、物語の最後に「一階でドアが開く。気がつくと、窓の外は暗くなり始めていた。山賀か、父親か、母親か、その誰かが階段を上がってくる音がする。終わりだ。今これでようやく止められる。ようやく終わる。前世から続く因果の輪から抜け出す。彼女は新しい彼女になる。ドアが開く」と、音が口にする数行にわたる文章には、悪いことをしたら必ず報いを受けるという因果応報の教訓とは違い、奇妙な響きがある。

家福が聞かされた話だけでは、音のストーリーが何を意味しているのかが不明である。しかし、映画の後半、高槻の口から語られる物語の続きから遡ってみれば、少女の両義的な感情、つまり空き巣を繰り返すうちに、少女は自分の行為が誰かにばれるかもしれないという不安とともに、誰かに自分を止めてほしいという願いを同時に感じており、この矛盾した感情こそが音の無意識であることが明確になる。そもそもセックスの後に紡ぎ出す物語を音自身が覚えておらず、いわばトランス状態で創作をするという事実から、その内容が無意識下に抑えられている感情によって作り上げられたものであり、そこに夫を裏切った罪悪感と自分の不貞を打ち明けたいという願望が反映されているといえよう。もちろん家福がドアを開けて浮気の現場を押さえることを、彼女が本当に望んでいたのかどうかは断言できない。しかし重要なのは、音の突然死によって家福が彼女に聞くべきだった問いは永遠に叶わなくなり、それを先延ばしにしてきた臆病さが、家福の苦しみの根源となっていることである。だからこそ、音の死というのは、彼女の不倫よりも、家福にとっては取り返しのつかない過酷な処罰であり、映画の物語を家福の喪失感とトラウマを掘り下げる方向へと本格的に進めていく発端となる。

この重要な出来事の直前に、赤いサーブのワンショットが再び二度登場する。三番目のショットにおいても赤いサーブが開かれていく駐車場の扉の前に停まっているものの（図3）、四番目のショットでは扉が全開となっている（図4）。その後、家福は倒れている音を発見するのだが、扉が開き、現れた車の姿は、扉に象徴される境界を赤いサーブがすでに越えており、音の死がもたらす異界への侵入がついに始まったことを告げる暗示的なイメージにほかならない。

四．第二の越境――トラウマ的空間への変容

前述したように、家福は妻の不倫現場を見てしまったにもかかわらず、その場をこっそりと抜け出す。音にはそうしたそぶりをまったく見せず、空港近くのホテルで一晩を過ごし、翌日の便でウラジオストクに行く。家福はなぜ妻の不貞を見過ごしたのか。おそらく彼は、妻の不倫を口にしてしまえば、今までの妻との関係が変わり、彼女を失うかもしれないことを恐れていたのだろう（皮肉なことに、彼は妻を本当に失ってしまう）。別の言い方をすれば、家福は妻との衝突をできるだけ避けようとした。しかし、彼が逃れ

ようとした「衝突」は、予想外のところで起こる。

ウラジオストクへの出張から帰国した家福は、交通事故に遭う。大きな怪我はないものの、精密検査の結果、彼は視野が狭くなりだんだん目が見えなくなる緑内障を患っていることがわかり、完治はできないと医者から告げられる。治療不可能な視野の欠損（ブラインド・スポット）は、妻の不貞と、それによって傷ついた心から目をつむった家福の逃避に対するメタファーにほかならない。そもそも家福にとって、妻の不倫現場を目撃したのは、まったく予想できないある種の「事故」であり、当然、彼の内面には驚きや恨みという感情的な「衝突」が生じてしまった。事故によって明らかとなったブラインド・スポットは、視野の欠損という身体的病気だけではなく、彼が妻の内面を見ようとしなかったこと、そして妻がなぜ他の男と不倫を続けてきたのかがわからないという、まさに言葉通りの家福の盲点を示すのだ。このように、交通事故に巻き込まれる赤いサーブは、家福の盲点が露呈する装置として機能するが、同時に他の人物たちと関わることで、トラウマが可視化する空間となり、その空間の表象は、不在のまま声で車を支配する音の存在によって複雑化していく。

音の急死から二年後、家福は相変わらず愛車のサーブに乗っている。進行方向の画面左横から収められている車は、やや早いスピードで走っている。しかし、カメラが車と並行に動いているため、なかなか前方に進まない印象を与える。それまで外側から車を捉えたショットだと、エクストリーム・ロングショットにより車の滑らかな走行を強調する場合が多かったが、この場面においてカメラは車外に置かれているものの、かなり近い距離から車の走る速度に合わせて動きながら人物と車を撮っている。車がフレームの中に閉じ込められているように感じるのも、カメラのポジションに大きな理由がある。その後、画面のサイズがフルショットに変わるが（図5）、車の速度は依然として摑めず、まるで赤いサーブを押さえつけるかのように、「ワーニャ伯父さん」を朗読する音の押し殺した声が画面全体に響いている。数秒後、ディゾルブによって、車のショットがカセット・テープのクローズアップに変わる（図6）。正確にいうと、回転するタイヤの上に、同じく回っているカセット・テープの巻き取りリールが重なる。続いて「ワーニャ伯父さん」を読んでいる音の後ろ姿、音の口元、そして真昼の駐車場に停めた車の中で悪い夢でも見たかのようにビクッとして目が覚める家福のショットが順番に登場する。この極めて滑らかなショットの連鎖は、現実と夢が錯綜しているかのように構成されているが、それには第一にディゾルブの効果が大きいだろう。ショットとショットをつなぐ最も基本的な編集方法であるディゾルブは、前後のイメージが緊密に関わっていることを示し、また時間の経過や回想、夢、キャラクターの内面など、抽象的な場面への転換を表現する効果的な手法である。(5)

図5（上）・図6（下）　ディゾルブによるショットのトランジション

この映画において、ディゾルブは赤いサーブとカセットテープのショットの間にたった一度だけ用いられるが、この移行によって、車はまるで幽霊にとり憑かれたかのような不気味な空間に変貌する。さらに一連のショットが進行するうちに、音の声によって「ワーニャ伯父さん」の一節が流れる。「私は思うの。真実というのは、それがどんなものでも、それほど恐ろしくはないの。一番恐ろしいのは、それを知らないでいること」という台詞は、戯曲の三幕におけるソーニャとの会話でエレーナが発するものだが、真実を知らず、それを問う機会も相手も失ってしまった家福の心境と絶妙に呼応し、これこそ家福のブラインド・スポットであることが暗示されている。彼の無意識の奥底に触れるような音の声は、いつまでも家福の行くすべての場所に付きまとい、赤いサーブは死者の声に満たされた非現実的で不気味な空間となる。

一方で夜の暗さは、赤いサーブの空間性を形成するのに欠かせない要素である。濱口の過去の作品においても人物たちの精神的な変化は、しばしば夜のシーンで描かれている。『親密さ』（二〇一二年）の前半の終盤では主人公の男女が夜明け前の歩道を歩きながら心を開いて長い会話を交わし、『寝ても覚めても』（二〇一八年）でかつて恋人だった男・麦と再会した朝子の複雑な心境が描かれるのも暗い時間帯である。『ドライブ・マイ・カー』も例外ではない。ある鼎談で指摘されたように、「夜の映画」と呼ぶにふさわしく夜のシーンが多用され、家福と高槻、または家福とみさきの深遠な会話が夜の車内で交わされる。とりわけ家福と高槻が対峙する場面において、人物間の緊張感が一気に高まり、闇に侵食されそうな車内はそのまま完全なる異世界と変化する。車の走る速度のため、車外の風景はぼかされ、街路灯の点滅がその幻想的なムードを倍加させる。高槻は「家福さん、僕は空っぽなんです。僕には何もないんです」と言い、家福の知らなかった空き巣少女の物語の続きを聞かせる。その話を聞いた家福は衝撃を受ける。なぜなら、音が物語を紡ぐのは、性行為の際に限られているからだ。映画の展開において、この場面は高槻と音の関係が明らかになる点でもちろん重要だが、さらに高槻が告白する「空っぽ」という心の闇から浮かび上がる黒いイメージが家福のブラインド・スポットと重なることで、本稿が注目する車の表象が明確になる。言い換えれば赤いサーブは、二人の内面を可視化させる媒介であると同時に、死者に呪縛され、究極的に家福と高槻の心理状態を暴き出すトラウマの空間である。このようにして赤いサーブの第二の「越境」は、空間変貌のレベルで遂行されるのだ。

五・第三の越境——異界への進入

第二の「越境」でサーブそのものが異界のような空間に変容していったとすれば、第三の「越境」はトラウマの場所へ移動することで行われる。この段階までたどり着く過程には、家福とみさきの関係の変化が伴う。それは具体的には車内の座席配置によって表現される。家福が演出を任された国際演劇祭の主催者側は、交通事故を防止するために家福の専属ドライバーを用意するが、その運転手がみさきという若い女性である。家福は車のキーを渋々みさきに渡し、試運転をさせる。この際家福は助手席の後ろ、すなわちみさきから最も遠い位置に座る。この配置は、「みさきの運転の手さばきが見える、(中略)監視するようなポジション」[7]であり、二人の距離感を示してもいる。他人に愛車を運転させることに抵抗を感じた家福は、みさきのスムーズで熟練した運転技術にひとまず安心し、彼が座る位置は助手席の後ろから運転席の後ろに変わる。みさきに対する警戒心が和らぎ、彼女の運転に徐々に慣れていくにつれ、赤いサーブは二人だけの親密な空間になる。

二人を乗せた車は演劇祭のオフィスと家福の宿を行き来するが、二人以外の誰かが同乗する際には、日常的なルートを変更せざるを得なくなる。この逸脱は、二人がそれぞれ妻と母の存在について打ち明けるきっかけになるが、より重要なのは座席の移動とともにカメラの位置にも変化が生じることである。第一の逸脱は演劇祭の通訳者であるユンスの家での夕食後に起こる。それまで車内の場面において、二人のショットは別の方向から撮られていた。例えば、試運転のシーンで、家福は左横から捉えたショットが多く、みさきの方は右の後ろから斜めに捉えたショットがほとんどである。他のシーンにおいても、家福は助手

図7、図8　同じ方向から撮られた家福とみさき

席から斜めか右横からのショットに収められているのに対して、みさきのショットはほぼ後部席から斜めに、つまり運転する後ろ姿を収めたショットが圧倒的に多い。しかし、第一の逸脱にあたるユンスとの夕食後、カメラは家福とみさきを右横からそれぞれ撮り、二人ははじめて同じ方向から映される（図7、図8）。家福とみさきが家族の話をするのも、このときがはじめてである。

　以降座席の配置は第二の逸脱によって改めて変化するが、その直前にある出来事が予言的に配置されている。それは高槻の衝突事故だ。ユンスの自宅でのシークエンスに続き、翌日みさきと家福が稽古場へ向かう様子が映される。いつも通り二人を乗せたサーブが軽快に走っていると、隣の車線に高槻が運転する白いボルボが現れる。助手席にはもう一人の出演者ジャニスが同乗している。互いに戸惑いの視線を交わした後、ボルボはそのままサーブを追い抜く。ショットが変わり、サーブが角を曲がると、車を停めたまま路上に立っている高槻とジャニスの姿が見える。赤いサーブはその場をすばやく通り過ぎていくが、どこかに電話をしている高槻の姿や二台の車が停まっている状況から交通事故があったことが推測できる。主役の二人が遅刻しているにもかかわらず稽古は無事終わる。その帰り、車に乗り込んだ家福は突然みさきに「どこでもいいから、走らせてくれないか」と頼む。彼の要請に応じてみさきが赤いサーブを走らせる先は、ゴミ処理場である。日常的なルートから離れ、二人がプライベートな話を交わすことから、ゴミ処理場へのドライブは逸脱として考えられるかもしれない。しかし、このシークエンスにおける二人の会話はユンスとユナとの食事後に車内で交わされた内容の延長線上にあり、ゆえに二人の関係が格段に進展したとは言いがたい。実際に二人は先に死なれた妻や母について話しているものの、感情の揺れなどは見せない。第二の逸脱は単にサーブの日常的なルートの変更だけではなく、家福とみさき以外の誰かが赤いサーブへ乗ることによって達成されるのが、ここで明確になる。高槻の衝突事故は、彼がサーブに乗る契機をもたらし、そこで第二の逸脱が可能になる。座席の移動が行われるのは、高槻の謎めいた「告白」を家福が聞いた直後である。

　それまでずっと後部座席に座っていた家福が突如助手席に座る。しかも車内禁煙というルールさえ破り、横並びに座っている家福とみさきは、サーブのサンルーフを開けて煙を車外に吐き出しながらタバコを吸う。ようやく二人の完璧なツーショットが写り、真の意味で家福とみさきははじめて同じ方角に目線を向ける。ほとんどの場合斜めか横側に置かれていたカメラが、二人の姿を正面から撮るのもこのときがはじめてである。実に巧みに計算し尽くされた座席配置とカメラのポジションが用意されているからこそ、北海道への長いドライブが「それまでとは異なる何かを共有」[8] する過程となり、登場人物たちが抱えるトラウマへと到達する第三の越境を可能にする。

　いよいよ映画がクライマックスへ差し掛かろうとするところで、暴行致死事件を起こした高槻が逮捕され、演劇祭は中止の危機に瀕する。「上十二滝村、僕に見せる気はあるか」と家福がみさきに聞くのはこのときである。彼の突発的な提案に、みさきは「何もない場所です。それでもよければ」と言う。「何もない場所」というのは、家福の「ブラインド・スポット」、高槻の「空っぽ」のように、みさきの内面を

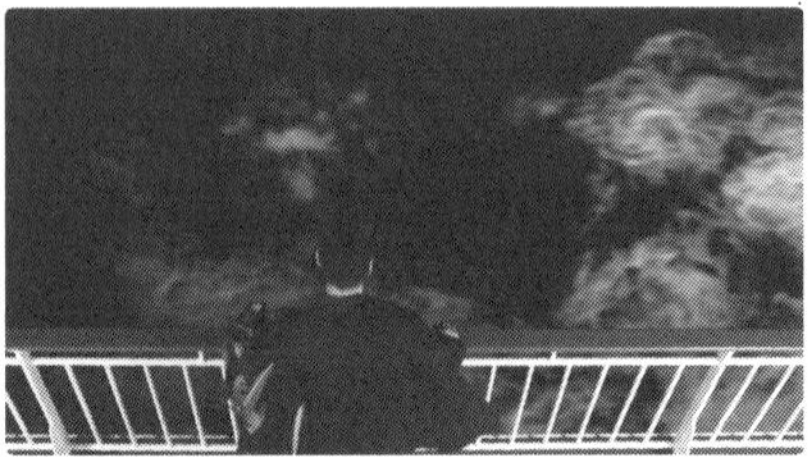

図9　家福の精神状態を示す黒い海

図10　赤いサーブのワンショット5

表す比喩であるのはいうまでもなく、ここで三人の中心人物が抱いている喪失感や後悔、虚しさが最終的に一つのイメージへと収斂される。

長い旅の終着地を目前にする家福は、北海道に向かうフェリーの上で海を見下ろしている。画面の半分以上を占めている海は、強い風の中に不安そうに立っている家福を襲ってきそうだ（図9）。『ドライブ・マイ・カー』で最も印象的なショットの一つと言えるこの場面は、家福の心の奥底に沈殿している後悔と喪失感に直面しようとするときが訪れたことを予告している。その意味において、白い泡を立てながら激しく渦巻く黒い海は、家福の動揺する心の状態を示す視覚的メタファーにほかならず、その暗さがまたもや「ブラインド・スポット」／「空っぽ」／「何もない場所」という登場人物の心のイメージに重ね合わされる。同時に、それは「結局のところ僕らがやらなくちゃならないのは、自分の心と正直に折り合いをつけていくことじゃないでしょうか。本当に他人を見たいと望むなら、自分自身を深く、まっすぐに見つめるしかない」という高槻の諦観的な告白を想起させる。結果的に北海道へのドライブは、みさきだけではなく、家福が自分自身を見つめる旅であることが明らかになるが、偶然とは言え、黒い海と家福の間に立ちはだかっているサーブと似た赤色の手すりが、家福が真実の領域の境界線の前に立っているのを、さらに強調している。

十数秒後、客室に戻った家福は壁にもたれたまま目を閉じる。次に寝ているみさきが映し出され、続くショットは再び赤いサーブの中である。車が暗いトンネルを抜け出した途端、彼の目の前に雪景色が広がる。それまで赤いサーブが何度も通り抜けた薄暗いトンネルや道路、ほぼ一分前にスクリーンを覆っていた底の見えない真っ暗な海とは極端なコントラストを成す風景だ。まもなく、すべてのサウンドが消去され、完璧な静けさが到来し、現実感が消失する。一瞬後には夢でも見ているような非現実的な感覚に襲われ、真っ白な風景がまったくの異世界へと変わる。「究極的に僕も自分の映画を異界みたいなところに持っていきたい(9)」といった監督の言葉通りに、現実と非現実の境界を横断する赤いサーブは、二人を災害の現場に運び、「何もない」悲劇的な場所が、親密さと慰めの空間に変貌する。二人がはじめて向かい合い、互いに後悔と悲しみを吐き出した後、ようやく物語が一段落するところで、赤いサーブの五番目のワンショットが登場する。陰鬱な不気味さを纏っていた四つのワンショットとは違い、このショットにおいて赤いサーブは明るい日光を浴びながら、白い雪に覆われた野原に停車している(図10)。映画のメインストーリーがまとめられるこのシークエンスにおいて、監督はやるべきことを終えたという気楽で、平穏な感情を、みさきと家福でなく赤いサーブに与えている。まるで息が吹き込まれたように赤いサーブが放っている奇妙な活気は、度重なる越境を完遂した主役がまさにこの小さな車であるのだと、婉曲的に表明していると言えるだろう。

六．境界の彼方へ

映画の短いエピローグは、思いもよらないところで展開する。みさきは、とあるスーパーマーケットで買い物をしているが、陳列されている品物や、店員とみさきの間で交わされる韓国語の会話から、彼女が

図11　『ドライブ・マイ・カー』のラストショット

韓国にいることが推測される。物語の舞台が突然外国に変わったことに一瞬戸惑いを覚えるかもしれないが、私が感じた違和感は、実はみさきのマスク姿に起因する。なぜなら、『ドライブ・マイ・カー』を劇場で見ていた観客は、例外なくマスクをつけていたはずであり、この事実は我々にリアルタイムで経験している感染症を想起させるからだ。言い換えれば、フィクションの世界に突如現実世界が入り込み、現実と虚構がリンクしてしまうのだ。しかも、買い物を終えてマスク姿のみさきが向かうのは、家福の愛車であった赤いサーブである。韓国に来たのはみさきだけではなかったのだ。彼女は車に乗りマスクを外す。コロナ禍ではごく自然で日常的な行為を「目撃」した私は、映画という虚構の世界から現実に直面しなければならない境遇に置かれる。しかし、同時に思わぬところでもう一度越境の意味を思い返してしまう。この場面こそが、赤いサーブの道程をグローバルのレベルにまで拡張し、見る側を見事に参入させる超越的な映画体験を与えると言っても過言ではないだろう。そもそも北欧スウェーデン生まれのサーブが日本の道路を走り回っているのも、考えてみれば、現実の世界においてこの車がすでに越境していたことを意味するのではないだろうか。

すでに知られていることだが、『ドライブ・マイ・カー』の後半は韓国の釜山でロケを行う予定だった。しかし、新型コロナウイルスの感染拡大により、外国への移動が不可能となり、濱口監督は広島にロケ地の変更を余儀なくされた。このシークエンスにおいて、俳優が登場する部分は日本の新大久保や茨城県で撮影し[10]、車が走るショットは一部のスタッフによって韓国での現地撮影を行い完成した[11]。現実に起こった災難が物語の舞台を変更し、監督の越境は挫折させられたが、赤いサーブだけは国境を越え、韓国の道を走っている。

最後に付け加えたいのは、ラストの主体が不明な視点ショットである（図11）。みさきの姿はまったく見えず、車の窓ガラス越しに真っ直ぐにのびた道路と沿道の並木、街灯などが映されているだけだ。ごく単純な構図のショットだが、なぜか不思議な感覚に襲われてしまう。これは果たして誰の視点からのショットなのか。カメラのポジションから見ると、このショットはみさきが座っている運転席でも助手席でもなく、車の真ん中から撮ったものである。フレームの前景に計器盤《インストルメント・パネル》の上部がギリギリに焦点から外されて映されていることから、カメラは車の前方に置かれていることがわかる。したがって、みさきよりやや後ろに座っている犬の視点としても考えにくい。もちろん、車内から外側を撮る際に、このような構図はそれほど珍しいものではない。しかし、『ドライブ・マイ・カー』における車内ショットが、監督によって入念に計算されて撮られていること、そしてこれまで分析してきた赤いサーブの移動が物語を推し進めていくモチーフであることを思い出せば、このショットは、ともすれば赤いサーブの視点として捉えることも可能かもしれない。だとすると、私が本稿の冒頭で提示した問いをここで修正しなければならない。赤いサーブはどこへ向かっているのか、と。その回答を導き出すことはできない。なぜなら見る側のそれぞれが違う終着地にたどり着くだろうから。無限に続きそうな道は、無数の解釈の余地のある越境する映画として、『ドライブ・マイ・カー』の前に提示された可能性ではないだろうか。

注

（1）Laura Mulvey, “Abbas Kiarostami: Cinema of Uncertainty, Cinema of Delay”, *Death 24 a Second — Stillness and the Moving Image*, London: Reaktion Books, 2006, pp.123-143.

（2）「『ドライブ・マイ・カー』で濱口竜介監督が拡張させた音と演技の可能性」fan's voice、二〇二一年八月二七日 (https://fansvoice.jp/2021/08/27/dmc-interview-hamaguchi/)

（3）伏見瞬「映画『ドライブ・マイ・カー』、その滑らかさが隠すもの」ＴＯＫＩＯＮ、二〇二二年三月二七日 (https://tokion.jp/2022/03/27/the-film-drive-my-car/)。

（4）Dalila Honorato, “Doors and Other Passages: a Semiotics of Space”, *The Space and Place Conference* (Mansfield College – Oxford, UK, 2011), pp.3-4 (https://www.academia.edu/17506262/Doors_and_Other_Passages_a_Semiotics_of_Space).

（5）“What Is a Dissolve in Filmmaking? How to Know When to Use a Dissolve Transition”, *MasterClass*, Sep 8, 2021 (https://www.masterclass.com/articles/what-is-a-dissolve-in-filmmaking-how-to-know-when-to-use-a-dissolve-transition).

（6）吉野大地「『ドライブ・マイ・カー』濱口竜介監督インタビュー」神戸映画資料館ホームページ、二〇二一年八月 (https://kobe-eiga.net/webspecial/cinemakinema/2021/08/1252/)。

（7）同右。

（8）野崎歓「異界へと誘う、声と沈黙」『文學界』二〇二一年九月号、一〇五頁。

（9）同右、九六頁。

（10）地ムービーホームページ (http://www.jimovie.jp/ドライブ・マイ・カー.html)。

（11）「濱口竜介×ポン・ジュノ監督スペシャル対談」釜山国際映画祭、二〇二一年一〇月七日 (https://www.youtu.be/ar2_Nzun2bo)。

＊本稿の図版はすべて『ドライブ・マイ・カー』濱口竜介監督、二〇二一年（ＤＶＤ、ＴＣエンタテインメント、二〇二二年）より引用。

『ドライブ・マイ・カー』、あるいは悲しみと過ぎ去った世界について

メアリー・ウォン
佐藤元状（訳）

イントロダクション

映画が終わったときには、すでに真夜中を過ぎていた。試写会の観客は、何も言わず静かに劇場を去っていった。香港の真っ暗な空の下で、最終バスの時間が近づいていたが、私は急がないことにした。身体のなかに何か重たいものがあったからだ。それは家福悠介や渡利みさきや家福音の憂鬱な表情のせいだろうか？　陽気な高槻耕史の暗鬱な表情をロング・テイクで捉えたショットも、私のなかに強烈な感情を引き起こした。これらの顔は何を語っているのだろうか？　悲しみである、間違いなく。

濱口竜介監督の『ドライブ・マイ・カー』は、日本の中産階級の家族を襲う家庭内の危機《クライシス》とそこから生じる悲しみを描き出した映画作品である。主人公の家福は、妻の音が高槻という若者と激しくセックスをしている場面を目撃する。そして音が死んでしまうと、家福は、憎しみと自責の念の入り混じった複雑な感情を抱くようになる——しかし、これは映画の序盤に過ぎない。私たちは、彼の個別的な悲しみのみ

ならず、みさきやイ・ユナや高槻といった、ほかの人々の悲しみに目を向けるようになるからだ。大切なのは、『ドライブ・マイ・カー』という映画作品が、一人一人の悲しみに注目するだけでなく、彼ら、彼女たちの悲しみを国家横断的につなげていこうとしている点を見逃さないことだ。今日のコロナの世界において、この映画は力強いヒューマニズム的メッセージを発している。つまり、私たちは現在、悲しみによって結ばれているのだ。あの夜一人で夜行バスを待ちながら私が考えていたのは、このことだった。自分もこうした悲しみの共同体の一員なのだ、と。

『ドライブ・マイ・カー』に親近感を感じるのは、私が香港という大都会で古いコンバーティブルを運転しているせいもあるのだろう。私が古いモノを好むのは、それが私を過ぎ去った世界へつなぎとめてくれるからだが、この映画も同様に私たちを旧世界《オールド・ワールド》へ誘っているように思われるのだ。だがこの映画において、過ぎ去った世界は、たんにノスタルジーのために登場するわけではない。むしろ、登場人物たちに問題を解決するための手段を提供するために召喚されるのだ。村上春樹の短編小説「ドライブ・マイ・カー」（二〇一三年）において、家福のサーブ900の修理を担当している修理工の大場は、この古い車は細部に至るまで丁寧に作られており、細々とした修理を定期的に行うだけで十分乗り続けることができる、と賞賛を惜しまない。これこそが信頼できる車なのだ、と彼は主張する。実際、この車は映画のなかで最後まで故障することなく、韓国まで走り続ける。故障するのは、むしろ登場人物のほうで、彼らはトラブルの時代にこの古い車に頼り切っているのだ。サーブ900に加えて、アントン・チェーホフの「ワーニャ伯父さん」（一八九七年）も過ぎ去った世界を代表するものだ。現代世界の心に傷を負った登場人物たちにとって、心の拠り所となるのは、この古い演劇作品のなかで描かれる絶望と救済のドラマなのだ。登場人物たちはこうした旧世界《オールド・ワールド》を再訪することによって、自身の問題を解決する方法を見つけ出すのである。

モダニティの時代において、過ぎ去ったものは、後進的と見られたり、過去の遺物と見られたりするばかりで、通常肯定的な意味を与えられていない。しかし、モダニティが徐々に信用を失っていくにつれて、私たちは過去を振り返り、人間の根本的な生の様式を探し始める。私が悲しみという現代的な情動と失われつつある過ぎ去った世界の再訪を通じてこの映画に接近していくのは、そのためなのだ。

舞台裏のクライシス

クライシスの問題から始めることにしよう。家福の悲しみは、家庭内の危機《クライシス》から生じる。しかし、そもそもクライシスと戦後のアート・シネマの間の関係は、長い歴史を誇っている。たんにアート・シネマの物語が、個人的かつ社会的な観点から、クライシスを描くのを好んできたというだけでなく、その映画的な形式それ自体が、世界の脆弱さに応答する理想的な方法を提供しているのだ。アレックス・リキディスが言うように、「知的な呼びかけのモードを特徴とするアート・シネマは、危機の時代において批判的な分析を促進する有望な候補者として登場する」(1)。濱口のほとんどの映画作品と同様に、『ドライブ・マイ・カー』は、クライシスを扱ったアート・シネマである。一般的に言って、クライシスとは、混乱や不安定や苦しみの時代を意味する。多くの現代映画が、社会的、政治的、環境的な諸問題の観点から、悪化の一路をたどる人類の生活状態を描いてきた。私たちはポストモダンのディストピア的な世界に生きているのだ。だが『ドライブ・マイ・カー』は、こうした大きな社会的、政治的視点からクライシスの問題に取り組んでいるわけではない。『偶然と想像』や『ハッピーアワー』といった濱口の他の作品と同様に、焦点は人間のドラマに当てられている。『ドライブ・マイ・カー』は、クライシスを家庭内のレヴェルで描き続けながら、家族の問題を超えて広がっていくのである。

図1　家福の楽屋を訪問する音と高槻

図2　衣装を投げつける家福

図3　椅子の上の衣装

これまで多くの批評家がこの映画の危機《クライシス》の場面を論じてきた。それは家福が自宅のドアを開け、妻が高槻と情熱的にセックスしているのを鏡のなかに目撃する場面である。もちろんこれは映画のなかで最も重要な危機的場面である。しかし、私はこのドラマもしくはクライシスを少し前のある場面と関連づけ、家福という登場人物を濱口がいかに精妙に描き出しているのか、を明らかにしていきたい。家福の「ゴドーを待ちながら」の公演の後で、音が彼の楽屋を訪れ、高槻を紹介する場面がある（図1）。高槻は家福の演劇メソッドを高く評価していることを熱心に、恥ずかしそうに語り、そして音とともに二人で楽屋を後にする。私たちはこの場面を簡単に見過ごしてしまうかもしれないが、私は非常に重要な場面だと考えている。家福はただのサラリーマンではなく、繊細なアーティストだからだ。音と高槻が去ると、家福はかすかな怒りの表情とともに、衣装を椅子に投げつける（図2）。するとキャメラはその衣装にしばしとどまり、オーディエンスに彼の気持ちを推測させる（図3）。つまり私は、楽屋の場面は家福の妻に対する疑惑をすでに明らかにしている場面だと主張したいのだ。家福のリアクションが示唆しているのは、妻が誰か別の男と浮気をしているのではないか、という疑念を抱くのは、これがはじめてではない、ということだ。「またか？」——衣装を椅子に投げつけたとき、家福の心を横切ったのは、この思いだったに違いない。

この楽屋の場面が重要なのは、それが先述した危機《クライシス》の場面の前兆となっているからだけでなく、それが家福の抑制された性格と、アーティスト同士のカップルがあえて直面しようとしない結婚上の危機《クライシス》を示唆しているからだ。さらにこの場面は、クライシスが実際には長期間にわたって続いてきたという深刻な事実を物語っている。

過ぎ去った世界の再訪

映画の焦点はクライシスに当てられているものの、より大事なのは、そのクライシスから生まれる悲しさをどのように解決するか、である。『ドライブ・マイ・カー』において、過ぎ去った世界の再訪は、悲しみを解決する方法を提供するものであるが、これをアダプテーションの観点から説明することもできるだろう。冒頭のクレジットのシークエンスにおいて、濱口はこの映画が村上春樹の短編集『女のいない男たち』（二〇一四年）に収められた同名の短編小説に基づいていることを認めている。短編「ドライブ・マイ・カー」において、私たちはこの映画の基本的なプロットを見出すことができる。つまり、みさきが家福のドライバーになるということだ。妻が高槻と性的な関係を持っているのではないか、という家福の疑念もはっきりと物語のなかに書き込まれている。上述した楽屋の場面も村上の短編にインスピレーションを受けたものと捉えることもできるだろう。妻はこれまで何人もの男性と浮気をしてきて、その最後の人物が高槻なのだ、という主人公目線の記述が小説のなかに登場するからだ。

映画のクレジットでは、単一の出典しか記されていないものの、クロスリファレンスは明白である。ドアを開けると、妻が別の男とセックスしているのを目撃してしまうという家庭内の危機《クライシス》の場面は、明らかに「木野」という短編に由来しているし、セックスをした後に物語を語る女性は、「シェエラザード」という短編の登場人物に基づいている。

『ドライブ・マイ・カー』が私たち批評家に強いるのは、一つの映画作品が一つの原典と厳密な対応関係にあるという、伝統的な意味でのアダプテーション理解の放棄である。たった今説明したようなやり方で、どのプロットラインがどの短編小説に由来するかを特定するだけでは、この映画を深く理解することはできない。プロットの原典探しという知的ゲームを超えて、複数の原典のクロスオーヴァーを意義深いものとしているのは何だろうか？ 以下、私はこのアダプテーション作品を、いかに濱口の映画作品が村上の短編小説とチェーホフの演劇作品で語られる「過ぎ去った世界」を翻案しているか、という観点から論じていきたい。

村上のヴィンテージ・カー

村上の小説世界は、急速に変化していく都市の真っ只中に旧世界《オールド・ワールド》の雰囲気を残している。たしかに村上の登場人物のほとんどが大都市に住んでいる。だが興味深いことに、彼ら、彼女たちは、流行の中心から距離を取った生き方を選択している。個性的なライフスタイルをデザインしているとさえ言えるかもしれない。例えば、『東京奇譚集』に収められた短編小説「どこであれそれが見つかりそうな場所で」では、金融の仕事をしている四〇歳の男性主人公が、妻と一緒にお洒落なマンションの二六階に住んでいる。だが、何らかの理由で、彼はエレベーターを使わずに、階段で上り下りをする。そして彼は突然姿を消してしまう。彼の不在は、世界に対する一時的な抵抗として、彼自身の革命として捉えることができるだろう。主流のイデオロギーに対して自身のライフスタイルを貫くこのような登場人物は、多くの村上作品に見られるものだ。ここでの過ぎ去った世界とは、現代の生活において一般的とは見做されていない古いモノや古い習慣のことを指している。村上の作品において、ノスタルジーの感情や過ぎ去った世界は、決して装飾的なものではなく、社会に対する断固たる態度を表しているのだ。

映画『ドライブ・マイ・カー』は、村上の短編小説で描かれる過ぎ去った世界を翻案し、さらに発展させる。その最も重要なイメージは、マニュアル・シフトのコンバーティブル、サーブ900である。主人公はその車を一二年も愛用しているが、(私のように)ヴィンテージ・カーを所有している者ならよく知っている通り、こうした車を修理して使い続けるのは、簡単なことではない。なぜならば、それを古い状態のままに維持するだけでなく、(それが動き続けるように)新しい状態に保たなければならないからだ。村上の短編には、いかに家福がこの車を愛し、それに愛着を感じているのかを描写したパラグラフがある。

シフトの上げ下げを楽しみながら都内の道路を移動し、信号待ちのあいだにのんびり空を眺めた。流れる雲や、電線にとまった鳥たちを観察する。そういうのが彼の生活スタイルの欠かせない一部になっていた。(2)

家福は都市の中心でサーブ900を運転することによって、日常生活の急速なスピードに抗っているのだ。「流れる雲」を眺めたり、「電線にとまった鳥たち」を観察したりすることによって、彼はたとえ交通量の多い「都内の道路」の中心においても、自身のリズムを保つことができるのだと、確信するのである。

これは「どこであれそれが見つかりそうな場所で」の男性主人公の「古風な」習慣ともよく似ている。また「ドライブ・マイ・カー」には、サーブ900の他にも、たくさんの古いモノが登場する。カセットテープは、その一例である。作品が醸し出す全体としての雰囲気は、多忙な都市の中心から一定の距離を取ったものとなっている。

濱口は村上の短編の「過ぎ去った世界」を翻案し、運動イメージに拡張していく際に、映画というメディアに特有の技法を用いて、その意味作用を強化する。映画全体を通じて、車の移動を描き出すシーンはたくさんあるが、そのなかでも以下の二つの移動シーンが重要である。一つ目の移動シーンは、家福の広島までのドライブの場面である。家福の人生の旅は、いわば妻の死をきっかけとして始まるからだ。赤色のヴィンテージ・カーが現代的な高速道路を滑走する。そして広角のショットが複雑な都市のランドスケープをキャメラに収める。運動を本質とするその映画的イメージは、さまざまな車が、つまり、さまざまな態度が同時に存在していることを強調する。たしかにその使い古された車は、他の車とは見かけが異なっている。だが他方で前者は後者と同じ道を走っている。この点で、サーブ900は、最新のマンションに住みながら、階段で二六階を上り下りする男と似たような矛盾した性格を帯びている。こうした複雑さや矛盾を考慮に入れたときにはじめて、サーブ900の重要性が明らかになるのである。

二つ目の重要な移動シーンは、北海道の上十二滝村までの家福とみさきのドライブの場面であるが、これは二人の登場人物が心の奥にしまい込んだ罪の意識をお互いに曝け出す非常に重要な場面となっている。東京から広島までのドライブが、家福の内なる自己への旅だったとすれば、広島から北海道までのドライブは、家福とみさきの自己の最も深淵な部分への旅だったと言えるだろう。濱口はこの移動シーンにおいて非常に豊かな映画的言語の可能性を探求してみせた。北海道までの旅は、長く、「古風な」ものだ。私たちが通常行うような、点から点への移動ではない。ロング・テイクが多用され、昼間から深夜まで、高速道路からトンネルまでと、刻々と移りゆく空と空間をキャメラに収めていく。フェリーに乗り込む頃までには、二人はそれぞれの過去について胸の内を明らかにしている。フェリーは夜の荒れ狂う海を突き進んでいく。そしてついに車が上十二滝村に到着するというところで、映画のサウンドが突然ミュートになる。あたかも私たちが心の奥《ハート・オブ・ダークネス》に足を踏み入れているかのように。このような古風な旅を試みることによって、家福とみさきは自身の問題を解決する方法を見いだしたのである。つまり、重要なのは、長い旅のプロセスそのものだったのだ。

チェーホフのある種の静けさ

村上の原作において家福が演じている戯曲は、チェーホフの「ワーニャ伯父さん」である。いわばテキスト内テキストとなっている。映画では、チェーホフのテキストは、濱口によって広範囲にわたって使用され、念入りに仕上げられている――主にリハーサルの場面で、語られるというよりは、演じられるために用いられて。このアプローチは、これまでの作品にも見られたような濱口の映画的スタイルに由来するものだろう。では、なぜチェーホフなのか？　この映画において「ワーニャ伯父さん」の重要性はどこにあるのか？

チェーホフの戯曲は、世界的な古典であり、百年以上も前の過ぎ去った世界からやってきたテキストである。まるでチェーホフの失われた世界が、現代に回帰してきて、登場人物たちを励まし、彼ら、彼女たちが自身の悲しみに立ち向かい、それを克服するのを手助けしているかのように。あるチェーホフ研究者が言うように、「チェーホフの戯曲の――ほとんどの、とは言わなくとも――多くの登場人物は、恋愛を通じて、救済され、救出されることを求めている」[3]。同様に、濱口の映画の登場人物たちは、チェーホフの戯曲を演じたり、演出したりすることによって、実は自身の救済を求めているのだ。

濱口がリハーサルの場面を演出するやり方は、スタイルの点ではシンプルであるものの、意味作用の点では複雑なものとなっている。チェーホフの旧世界は、ミニマリズムの形で再現＝表象されているが、それは本読みの朗読のシーンにおいて、顕著に現れている。演劇の世界において、本読みは実際によく行われているものだが、濱口がこれらのシーンのなかで強調しているのは、非劇的なもの《ノンドラマティック》——登場人物たちが積極的にアクションに関与しないこと——の重要性だ。非劇的なプロットはチェーホフの演劇の特色である。だが、濱口はそれに捻りを加える。

一つ重要な場面を取り上げることにしよう。それはワーニャ伯父さんを演じる高槻が、医師のアーストロフと台本の朗読を行う場面である。ここではチェーホフの戯曲から二人の会話を再現することにする。

アーストロフ：どうした、そんな浮かない顔をして。あの先生のことが、かわいそうなのかい？
ワーニャ　　：ぼくに構うな。
アーストロフ：それとも教授夫人に惚れたのかな。
ワーニャ　　：あの人は、ぼくの親友だ。
アーストロフ：もう？
ワーニャ　　：「もう？」って、どういうことだ。
アーストロフ：女性が男性の親友になるのには、順序がある。まず最初にお友だち、次に愛人、そして
　　　　　　　ようやく親友ってわけだ。

ワーニャ　：凡俗な哲学だな。(4)

これは「ワーニャ伯父さん」の第二幕からの引用だが、ワーニャがエレーナへの愛を告白した直後の場面となっている。エレーナは年老いた夫との関係で手一杯だという理由でワーニャの愛を拒んだのだった。この場面では、ワーニャとアーストロフの二人は酔っ払っており、この問題だらけの家で彼らの人生がいかに無駄に費やされてきたか、を必死になって忘れようとしているところなのだ。

演出家として、家福はこのリハーサルの場面を二回も中断し、高槻に感情を最小限に抑えるよう指導する。だが、高槻も他の演者も彼の意図を理解できない。家福は高槻に言う。「テキストに集中しろ。ただ読むだけでいいんだ」。するとジャニス・チャンは、自分たちはロボットではないので、演出家の意図を知ったほうがもっと良いパフォーマンスができると、家福に反論する。家福は言い返す。「上手くやる必要はない。ただ読めばいいんだ」。

家福は演出家としてチェーホフの非劇的なスタイルに従っている。そのスタイルは精妙さを好み、大袈裟なものを嫌う。チェーホフの戯曲には、ある種の静けさがある。舞台となるカントリー・ハウスは安定していて、登場人物たちはいつもと同じように作業をこなしているように見える。時間は静かに過ぎていく。しかし、この静けさは本当の落ち着きを意味するものではない。日常生活の下には、沈鬱と挫折の感情が渦巻いている。この戯曲では、老教授と若い妻の到来とともに、すべての問題が噴出し、ワーニャが教授の殺害を試みる第三幕の暴力の場面へと流れ込んでいく。なるほど芸術的な観点からすれば、家福の主張はたんにチェーホフのスタイルを模倣しているだけのように見える。

だがこの場面を注意深く見てみれば、家福の演出法がチェーホフのスタイルを超えていることに気づく

図4　台本を朗読する高槻

図5　高槻を凝視する家福

だろう。彼のやり方は、彼自身が経験している、ある種の抑圧を表しているのだ。小説においても、映画においても、家福は、すべてを完全にコントロールできないと、自分の人生を楽しめない男として描かれている。村上の小説によれば、家福が公演の後すぐに帰宅するのは、彼がステージの人生と現実の人生をはっきりと区別したいからだ。だが、実際はそれほど上手くいかない。先ほどの映画のシーンに戻ってみよう。ワーニャ演じる高槻が「あの人は、ぼくの親友だ」と述べた後に、彼を疑わしそうに見つめる家福のミディアム・ショットが挿入される（図4、図5）。明らかに家福は、この場面に高槻と音の不倫関係を読み込んでいるのだ。そして、それはチェーホフの世界を超えた考察となっている。この映画が主張しようとしているのは、ステージの人生と現実の人生を峻別することなど誰にもできない、ということだ。家福はチェーホフの静けさの背後に自身の悩みを隠し続けようとする。だが、その静けさは、隠された感情の奔流を抑え込むことなどできないのだ。そう、チェーホフの登場人物たちと同じように。

　これまで多くの批評家が濱口の映画における多国籍的《マルティナショナル》な演劇の意味作用について論じてきたが、国境を越えた文化的な越境性という主題は、村上の短編にも見いだすことができる。家福は明治時代の日本という固有の歴史的過去を背景に「ワーニャ伯父さん」を演じているからだ。だが、濱口の映画は、さまざまな国からやってきた、さまざまな言語を話すキャストを動員することによって、こうした多国籍性をさらに推し進める。かくして、濱口の多国籍的な映画は、古さ（チェーホフの古典的作品）と新しさ（グローバル化の下での制作）を同時に体現するものとなる。チェーホフはこの映画作品において、古いロシアの世界にも、明治時代の日本にも属することなく、いきなり現代のアジアへ再生するのである。

さらに付け加えるならば、ソーニャ役にユナという唖者を起用することは、作品に力強い効果を生み出している。ユナの沈黙は、映画内にある種の静けさを──そしてこちらのほうがもっと重要なのだが──毅然たる態度を作り出しているからだ。チェーホフの戯曲の終盤で、ソーニャはワーニャに一緒に悲しみながら生きましょう、そうしたらいつか平安に死を迎えられるでしょう、と必死に慰める。なんとも力強く、そして優しい対話だ。女性が男性を、若き者が年老いた者を、傷ついた魂がもう一つの傷ついた魂を慰める。声を発さないユナの身体的なパフォーマンスは、チェーホフの対話の効果をさらに強めている。映画は、家福とユナのパフォーマンスに焦点を合わせながら、この場面を主にミディアム・ショットでキャメラに収めていくが、その合間に客席のみさきを映したショットが何度か挿入される。私たちはこの場面の後で、みさきが韓国でサーブ900を運転しているのを目にする。もし登場人物たちの悲しみがチェーホフの過ぎ去った世界の経験を通じて解決されたとするならば、彼女たちは過去から解放され、自身の新しい人生に向かって、先に進んでいくことができるはずだ。家福は古い愛車を手放し、みさきは故郷を後にする。チェーホフの過去の世界はたしかにその任務を果たしたのだ。

悲しみが悲しみと出会うとき

『ドライブ・マイ・カー』は、悲しみが悲しみと出会うときを主題とした映画作品である。過去の世界の悲しみが現代の私たちの悲しみとどのように響き合うのか――それこそ、私たちがたった今検証してきたものに他ならない。だが、誰の悲しみが最も痛ましいものなのだろうか？　家福の悲しみは、みさきの悲しみに比べれば、期間が短いと言えるのか？　ユナは、その障害のために最も悲しい登場人物と言えるのか？　そもそも悲しさのランクづけなどできるのだろうか？　たしかにこの映画作品には、さまざまなレヴェルの悲しみが存在している。しかし、映画自体は悲しみのランクづけには向かわず、むしろそれらの悲しみを相互に結びつけようとする。家福は、東京から広島へ移動することによって、さまざまな社会階級やジェンダーや国籍を持った人々と接し、彼女たちの悲しみを知ることになる。皮肉なことに、私たちの悲しみを癒すことができるのは、他者の悲しみだけなのである。実際、子供時代のトラウマを抱えたみさきは、映画内で一貫して厳しい単調な表情を浮かべている。その無表情自体を自己中心的な中産階級の男性アーティストに向けられた批判として受け取ることもできるだろう。しかし、家福はそうした傷ついた他者と一緒に時間を過ごし、その悲しみを真摯に共有することによって、ようやく先延ばしにしてきた自身の内的葛藤に立ち向かうのである。

　私たちの前には困難な道が広がっている。だが濱口の『ドライブ・マイ・カー』は、いつしか――いや、もうそうなっているのかもしれない――チェーホフや村上の作品のような過ぎ去った世界《オールド・ワールド》となって、私たちの悲しみを慰めてくれるだろう。私はそう信じている。

注

（1）Alex Lykidis, "Aesthetics of Crisis: Art Cinema and Neoliberalism," in Thomas Austin and Angelos Koutsourakis, eds., *Cinema of Crisis: Film and Contemporary Europe*, Edinburgh: Edinburgh University Press, 2020, p. 26.

（2）「ドライブ・マイ・カー」、村上春樹『女のいない男たち』文春文庫、二〇一六年、二四頁。

（3）Richard Gilman, "Introduction," Anton Chekov, *Plays*, London: Penguin, 2002, p. xxv.

（4）Anton Chekov, *Plays*, London: Penguin, 2002, p.164. 引用は下記の邦訳を使用した。チェーホフ『ワーニャ伯父さん　三人姉妹』浦雅春訳、光文社古典新訳文庫、二〇〇九年、五一頁。

*本稿の図版はすべて『ドライブ・マイ・カー』濱口竜介監督、二〇二一年（DVD、TCエンタテインメント、二〇二二年）より引用。

インタビュー②　『ドライブ・マイ・カー』と映画振興事業

文化庁参事官（芸術文化担当）
インタビュアー：佐藤元状・冨塚亮平

文化庁と映画振興

――文化庁は本書のテーマである『ドライブ・マイ・カー』をはじめ多くの作品に助成を行っています。まず、映画振興事業の全体像について、簡単にお聞かせ願えますでしょうか。

文化庁では、二〇〇一（平成一三）年に施行された「文化芸術基本法」に基づき、「日本映画・映像振興プラン」を進めてきました。もともとの経緯としては、平成一五年ごろ洋画と比べて邦画の公開本数が落ちてしまったというところに問題意識があり、どのようにこれから日本映画を伸ばしていくかについての政策パッケージ、枠組を作ることになりました。

二〇〇三（平成一五）年に、文化庁だけでなく総務省、経産省など関係省や有識者による「映画振興に関する懇談会」が「これからの日本映画の振興について〜日本映画の再生のために〜」という提言を出し、それをベースにした政策がいままで続いています。提言については文化庁のＨＰにも掲載されています。これに基づき、①人材育成、②創造、③発信・海外展開・人材交流を三つの柱として進めています。事業が開始した当時の課題は、日本映画がもっとたくさん作られるようにすることで、これはいまも受け継がれていますが、多様な作品がきちんと作られて観客に届くような形をバックアップすることが主な内容です。予算としては全体で約一一億〜一二億円といったところが例年の傾向になっています。

——三つの柱のうち、やはり「創造」の部分に最も多くのお金が使われているのでしょうか。

やはり、そもそも作品が作られなければ発信することもできません。ただし、その作品を作る人材を育成することも非常に大切なことですので、三つの柱をバランスよく支援したいと考えています。そして『ドライブ・マイ・カー』、さらに濱口監督は、この三つの事業すべてに関わりがあります。

——私（佐藤）はイギリス映画研究が専門ですが、イギリス映画は、同じ英語圏のハリウッドの力が強いため、ブランドを立ち上げるのにすごく苦労してきた経緯があります。アメリカ以外はどこもそうかもしれませんが、「日本の映画振興予算は少ない、支援に消極的」という声もあります。

文化振興といってもさまざまな分野があるので、政府としてどこにどうお金を使っていくかは、映画に限らず文化振興全体で考える必要があり、それによってこのような予算配分になっているのではないかと思います。海外との比較もよく行われますが、国によっては映画課税という税収の仕組みがあるところもあります。つまり、映画の売上から税が入るわけです。その構造が日本と海外諸国では大きく違うため、単純比較はそもそも難しいとも言えます。

——映画振興については、文化庁に限らず、他の省庁も異なる形で支援を行っているところもあると思いますが、省庁間での調整や協働などはあるのでしょうか。

例えば経産省であれば、音楽や他のメディアも含めたコンテンツへの支援として行われている部分があります。濱口監督の『ドライブ・マイ・カー』の場合は、文化庁が製作支援として助成金を出していますが、海外映画祭に出すにあたっての出品支援も受けられています。さらに、経産省の「コンテンツグローバル需要創出促進・基盤強化事業費補助金（J—LOD）」のうち、（1）「コンテンツ等の海外展開を行う際のローカライズ及びプロモーションを行う事業」の採択作品でもあります。

——そういったさまざまな支援をうまく使っている作品なのですね。

最近は映画プロデューサーの方たちも、ずいぶんそういうところを研究されています。やはり映画製作に携わる方々にはそれらについてよく知っていただく必要があり、文化庁もそのような周知をはかっているところです。

――予算的にも最も大きい製作支援（文化芸術振興費補助金）についてですが、こちらの応募の傾向、倍率などはどのような感じなのでしょうか。「狭き門」なのではないかというイメージがありますが。

令和四年度の場合、劇映画、記録映画、アニメーション映画の三分野全体で約一二〇件の応募があって、採択は五〇件ほどでした。応募件数については近年大きな増減はないですが、劇映画については、比較的若い人の応募を促進する意味で、「若手・新進映画作家支援」として作品数が三本以内の監督が応募できる区分があるのですが、それへの応募が増えてきています。

これは海外との比較でよく言われることですが、映画の制作ツールが進化して、簡単に作れるようになったけれども、それなりの作品に仕上げるには、やはりある程度の費用をかける必要があります。そこをきちんと理解したプロデューサーに付いていただいたうえで、一本目、二本目を撮っていただきたいと考えています。それもあって、本数が三本以内の方たちを起用した作品に対して、オプション的に金額を追加するメニューを作っています。もちろんどの区分への応募も、申請書とシナリオ、今後の計画などをきちんと書いていただいたうえで、選考委員による審査となりますので、「狭き門」ではないとしても、広き門とも言えないかもしれません。

――日本の若い監督の場合、「最初の一本は撮れたけど、その後が」というケースが多いように思うので、いまお話があったような支援はたしかにキャリアに良い影響を及ぼすように思います。審査のポイントとしてはどのようなことが挙げられるでしょうか。

日本芸術文化振興会が審査を運営しており、審査基準も公表されています。その審査基準にきちんと沿ったものをご提出いただくことが重要だと思います。芸術、創造に関わる方の場合、その点を必ずしも重視されない方もいらっしゃいますが、やはり国民の皆さんから集めた税金を使って支援する以上、基準に沿っているかがポイントにはなります。

——実際に支援が行われた作品について、公開後、支援のあり方がどうであったか、評価、検証などは行われているのでしょうか。

日本芸術文化振興会では、助成した作品が公開された後、例えばこういう賞を受賞したなどの情報は把握しています。ただ、それを今後の助成や、評価に生かすという点で、まだ課題があるという議論がなされています。専門家を配置して検証するなどの改善をはかっていきたいと考えています。難しいところなのですが、必ずしも興行成績だけで測れるものではなく、ある程度長いスパンで作品・作家を評価しなければいけないというところもあります。

——『君の名は。』（新海誠監督）、『この世界の片隅に』（片渕須直監督）のような大ヒットした作品に対しても、助成が行われています（平成二八年度）。

大ヒットしたこと自体は大変喜ばしいことですが、審査基準には「緊要度」という項目があり、その作品が補助金で支援する必要性がどのくらいあるのかが、委員の方々の審査ポイントにもなっています。いまの映画製作システムにおいては、やはり結果がある程度想定しやすい作品が作られる傾向にあり、オリジナルの劇映画がなかなか生まれづらいという現状があります。結果的にこの二作はヒットしましたが、製作の段階で、それが作り手や観客側で想定できたかというと、実はチャレンジングな作品だったとも言えると思います。

——『ドライブ・マイ・カー』は、原作の村上春樹さんの世界的な知名度があるのに加え、濱口監督もすでに海外映画祭で評価された実績があるうえでの作品で、文化庁の海外発信の事業ともよく合っているように感じました。

はい、映画振興プラン全体をうまく使っていただいています。濱口監督は、新進芸術家海外研修制度に応募して選ばれ、一年アメリカで研修をされています。文化庁の支援をうまく使って世界に羽ばたいていったモデルケースのように思います。

製作支援以外の振興事業

——海外映画祭への出品支援について、もう少し具体的に教えていただけますか。

『ドライブ・マイ・カー』も利用していますが、海外映画祭に出品するときの渡航費用や、外国語字幕をつける費用などに対する支援事業です。

文化庁の事業としては、出品への支援だけではなく、カンヌ国際映画祭やベルリン国際映画祭、、そしてアヌシー国際アニメーション映画祭（フランス）などの併設マーケットにジャパンブースを出して、日本映画のPRを行っています。もちろん大きな配給会社が関わっている作品であれば、そのセールスのために会社が単独でブースを出しますが、より少ない費用でそれが金額的に難しい場合は、文化庁のジャパンブースを共同利用して作品を発信することができる支援もしています。濱口監督が『偶然と想像』を出品したベルリン国際映画祭でも行いましたし、この二〇二三年も行う予定です。

また、映画祭では各国の同様なブースで自国の映画を紹介する広報誌が配られていますが、文化庁も「Japanese Film」を配布しています。そのようなところで、大きく話題になっている日本映画を海外の皆さんに認知していただきたいです。小津、黒澤、溝口、そしてその後は黒沢清、是枝裕和などの監督が活躍されていますが、さらにその次の世代の日本映画の存在感を出していくことも大事だと考えています。

——今回、この論集には、アメリカ、香港、韓国、台湾の研究者に参加してもらっていて、もととなるシンポジウムも全編英語で行いました。まず日本語で出版した後に、韓国語版と中国語版を出し、アジアの知的交流を促進していくことも視野に入れています。文化庁と立場は異なりますが、日本映画の海外発信の一環として、批評・研究の側からも何か広げていきたいという思いがあります。

日本映画の研究者の数も以前よりやや少なくなってきているという話を聞いたことがあります。そのような活動が広がっていけば、ひいては日本映画全体の底上げにつながるように思います。やはり蓮實重彥さんのような批評家がいたことが、実際の映画製作にも大きな影響があったわけで、そのような批評・研究の存在はとても重要だと思います。

――人材育成については、どのようなことに重点を置かれているのでしょうか。

映画製作の関係者からも、若手の育成が急務だというお話をよく聞きます。製作支援で若手監督の起用を促進するような追加助成の仕組みを設けていますが、それ以外でも若手の方を念頭においているところがあります。

育成において、いま日本で特に問題とされているのが、映画を製作するさまざまな職種に、あまり若い方たちが入ってこないということです。これにはさまざまな要因が考えられます。もちろん映画監督になりたい人は多いと思いますが、それ以外にも映画を作るうえではさまざまなスタッフが必要です。そういったスタッフとしての仕事の楽しさや、そもそも映画を作るうえでどんな種類の仕事があるかも知らない若い人たちが増えている。それは、映画製作のシステムが変わってきたことも理由にあると思います。

文化庁では、製作スタッフの人材育成をはかるため、学生のインターンシップ制度を応用した取り組みを行っています。映画に関係する教育を受けている学生を対象に、実際に映画製作現場で研修していただいています。そして現場では、その人たちを未来の映画人として育てるために、きちんと指導者を付けて学生の研修をしてもらえるような受け入れ先を選んでいます。

──私（佐藤）の教え子たちにもぜひ勧めたいと思います。私は法学部の学生を対象に、副専攻として映画研究を教えていますが、映画関係の仕事をしたいという学生は一定数います。大学院に行こうという学生には東京藝大を勧めていますが、実際に現場で実践経験を積みたいという学生にどうアドバイスすればいいのかわかりませんでした。そのような取り組みを文化庁が行っているというのはとてもありがたいことです。

先ほどお話が出たプロデューサーの仕事もそうですし、例えばカメラマンなどスタッフの仕事がどのように重要かといったことを学生の皆さんに実際体験していただきたいと思っています。他にも映画に関わるいろいろな職種があり、そういった仕事をする人が増えていかないと、映画を制作していくことができません。ぜひ、映画をたくさん観ている若い方たちも加わってほしいと思います。

これからの日本映画振興

──映画振興事業の課題、今後の展開についてはどんなことを考えていらっしゃいますか。

先ほど製作支援のところでもお話がありましたが、公的なお金を使って行う事業である以上、事後的な効果の検証は課題だと考えています。これは映画だけではなく、文化事業では非常に難しい作業です。短期的効果だけではなく、長期的なスパンで効果的な事業としていくにはどうすればよいか、考えていかなければいけません。

具体的な今後の展開としては、今のプランの土台となっている「日本映画の創造・振興プラン」はすでに策定から二〇年近くが経過して、この間さまざまな状況も変化しているので、これから創造のサイクルを回していく仕組みを新たにどう構築できるのか、そのようなプラン全体のあり方を考えていかないといけない時期に来ているのではないか、という議論も始まっています。

――一連のコロナ禍で多くのミニシアターが経営的に苦境に陥り、濱口監督なども発起人となってクラウドファンディングの支援が行われるということがありました。文化庁としては、劇場や上映についての支援というのは何かお考えになっているのでしょうか。

商業施設である映画館への支援というのは、現時点では行っていません。一方で、映画の上映活動への支援としては、製作支援の補助金を運営している芸術文化振興会が行っているものがあります。ミニシアターを含む映画館やホール等で行われる映画祭や上映会への支援で、館への支援ではありませんが、ミニシアターの中には、どういった形で特に若い観客を掘り起こせるかをいろいろ研究されているところもあります。例えば、関西の映画館がいくつか連携して、「次世代映画ショーケース」を開催されています。外部の有識者の人たちを中心に実行委員会を作って、若手の意欲作を何本か上映し、ゲストを呼んでトークショーなども行っています。一館だけで開催するのでは上映してゲストも呼んでというのは費用的にも難しいと思うのですが、そういう仕組みを作って助成金に応募されています。

——結果的に、新しい観客を増やすことへの支援となっていますね。

はい、観客の掘り起こし、そして観客を育てていくことが非常に大事です。作家だけが増えても、映画文化は成立しません。私たちはよく「多様な作品」という言い方をするのですが、必ずしもアート系の映画だけではなく、一般の方々が広く楽しめるような作品まで、さまざまなグラデーションのある映画が作られ、それらを楽しんでくれる観客がいるということが、とても重要だと思っています。この「多様な」ということは、映画振興だけでなく他のいろいろな芸術分野、音楽や演劇についても同じようなことが言えて、そのような考え方のもとで新進芸術家海外研修制度も行われています。

「新しい観客を増やす」という意味では、子どもたちに小さい頃から芸術文化に親しんでもらうという事業も行っています。「文化芸術による子供育成推進事業（巡回公演事業）」という事業で、芸術家に小学校や中学校に実際に行っていただいて子どもたちが生の芸術に触れる機会を作っています。その事業に、二〇一九年度から「メディア芸術」という分野が加わりました。

この事業の映画に関するものでは、一般社団法人こども映画教室（土肥悦子代表）が採択されていますが、学校の体育館に大きなスクリーンを張って、実際にスクリーンで子どもたちに映画を観てもらう。そして、その後に子どもたちに映画製作も体験してもらうという、上映とワークショップを行う公演です。

ある映画をみんなで観て、それをヒントに自分たちでタブレットなどを使って、映画を作っています。作るプロセスを知ることで、より深く鑑賞することもできるようになるというプログラムになっています。このように、いろいろな形で映画鑑賞に親しむ機会が増えれば、若い観客の増加にもつながるのではと思っています。

――本書は映画を作る人にも読んでもらいたいと思っていますが、そのような人たちに、文化庁の支援事業をどのように活用してほしいでしょうか。

今日ご紹介したように、支援のメニューは比較的広く用意していると思っています。実際、さまざまな事業を毎年公募していますが、個人作家の方々が応募していただけるものもありますので、文化庁のHPをよくご覧いただき、うまく使いこなしていただきたいと思います。

文化庁の支援によって生まれた作品が良い結果を出すことができれば、それは私たちの事業をより大きくしていくための力にもなります。また、先ほども出てきた経産省のJ―LODであったり、内閣府の大型映像作品ロケーション誘致の効果検証調査事業（外国映像作品ロケ誘致プロジェクト）など、文化庁以外でも映画に関する支援を行っています。行政側からも広報・発信を頑張らないといけないのですが、これらの支援をうまく組み合わせていただけるといいのではと思います。

――本日は濱口監督、そして『ドライブ・マイ・カー』に関してだけでなく、さまざまな種類の映画振興についてお話をうかがうことができました。映画批評や研究書などでは紹介されることが少ない内容もあり、貴重な機会となりました。ありがとうございました。

（二〇二三年一月一九日、文化庁にて収録。インタビューには文化庁参事官［芸術文化担当］付の岩瀬優氏、戸田桂氏、村田佐織氏にご出席いただいた）

他者の声を聴け
――『ドライブ・マイ・カー』における他者性の構築と受容

藤城孝輔

はじめに

映画『ドライブ・マイ・カー』(濱口竜介監督、二〇二一年)は新型コロナウイルスのパンデミックの影響を大きく受けた作品である。主要なロケ地として最初は釜山が選ばれていたものの、二〇二〇年三月に東京のシーンを撮り終えたところで撮影が中断されることになった。その後一一月の撮影再開までの半年間のうちに脚本が書き換えられ、広島へのロケ地変更が行われた。濱口の当初の計画の名残りは、劇中の韓国人出演者と韓国でロケが行われた短いエピローグにわずかに見られるばかりである(図1)。韓国を舞台にしたラストシーンのうち、渡利みさき役の三浦透子が出演する部分は茨城県でロケが行われたが(図2)、サーブ900が道路を走るショットだけは韓国でスタントを用いて撮影された。

以上のような事情から、映画における韓国や韓国人の表象は極めて限られたものとなっている。しかし「異質な他者たちとの共存の方法を実験的に模索しようとする姿勢[1]」に貫かれていると評される本作

図1　日本で暮らすユナとユンス夫妻

図2　韓国のスーパーで買い物をしたみさき

において、〈他者〉は鍵となるモティーフの一つである。登場する〈他者〉は必ずしも韓国人や外国人に限定されないが、本作を日本と東アジア地域の隣国との緊張関係という近年の文脈を通して考えることは決して無理なことではない。本稿では自己と対立する概念としての他者や他者性が本作でどのように描かれているかに着目する。細見和之がエマニュエル・レヴィナスの他者論を踏まえて示したとおり、自己と他者という二項対立は容易に解体されうる主観的な境界にすぎない。(2) 他者によって書かれた言葉を別のメディアに置き換える行為であるアダプテーションもまた、他者と自己の境界が曖昧になる領域と見なせる。本作における他者をめぐる表現を読み解き、東アジアの現在という文脈に照らしてその意味を検討することは、濱口によるアダプテーションのアプローチを明らかにすることにもなるだろう。

数ある他者の形象のなかで、細見が言語の他者性を大きく取り上げている点は注目に値する。母語は生得的に備わった能力ではなく、誰でも習得を必要とする他者として存在している。また一つの言語のなかでも使われる状況によって言葉の使い方は異なっているため、特定の他者の集団内での言語の用法を必要に応じて模倣しなければならない。「自分の母語のある種の変形をつうじて他者の——少なくとも他者の集団の――具体的な『言語』へと同一化あるいは同化を遂げない限り、実際には『自己』を表現できない」という「逆説的な事態」として細見は言語をとらえる。(3) 細見はこの言語認識を出発点に植民地時代の朝鮮で支配者の言語だった日本語で詩作を行う金時鐘《キムシジョン》の作品論を展開するのだが、『ドライブ・マイ・カー』においては声や言語を通して他者が形象化され、戯曲のテキストや他の登場人物の台詞を伝える〈声〉を聞く行為に他者との対峙や受容の意味が与えられている。

一・他者の〈声〉を聞くこと

映画は冒頭から他者の不可知性を強調する。高層マンションの一室の広い窓から見える景色を背景に裸身の女性がベッドから体を起こして画面に入ってくる（図3）。部屋のなかは暗く、窓の向こうの山の稜線が赤く染まっているため、カメラに体を向けた女性の姿は完全にシルエットになっている。村上の短編小説「シェエラザード」に材を得た内容の話を女性が語りはじめるが、女性の顔が見えないことからまるで彼女の声が肉体から切り離されたかのような不思議な印象を与える。これらの演出効果により、映画の冒頭において家福の妻である音は謎めいた他者として家福（および観客）の視点と対峙するかたちになっている。(4) 逆光で顔の見えない人物がカメラを直視するショットは濱口の中編映画『不気味なものの肌に触れる』（二〇一三年）の殺人シーンなどにも見られ、他者の得体の知れなさを演出する手法として用いられてきたものである（図4）。

図3 『ドライブ・マイ・カー』オープニング

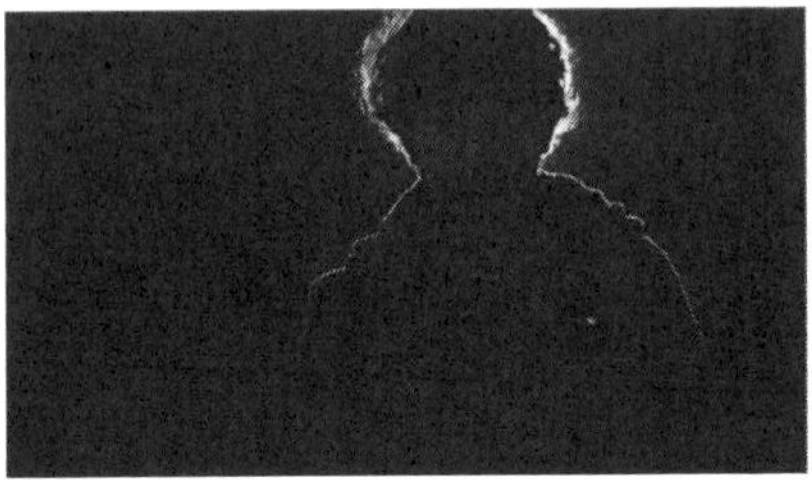

図4 『不気味なものの肌に触れる』（2013年）

『ドライブ・マイ・カー』では、他者の言葉を聞く行為に重点が置かれる。「音」という原作にない名前が与えられていることが露骨に示すとおり、家福の妻は音声によって特徴づけられている。この点は情事のあとの彼女の語り、さらには他者の痕跡として死後も残り続ける、彼女が夫のためにカセットテープに吹き込んだ「ワーニャ伯父さん」の録音にも見受けられる。演劇祭の準備のために家福が車内で彼女が読む戯曲の言葉を聞くのも、家福の意識のなかで死後もなお音が存在感を保ち続けていることを示唆している。そのため、アントン・チェーホフの戯曲は、家福が向きあうべき他者として提示されているといえるだろう。劇中、家福はワーニャを俳優として演じられなくなったことについて「彼のテキストを口にすると、自分自身が引きずり出される。[…]そのことにもう、耐えられなくなってしまった。そうなると僕はもう、この役に自分を差し出すことができない」と説明し、高槻に対して「君は相手役に自分を差し出すことができる。同じことをテキストにもすればいい。自分を差し出して、テキストに応える。[…]テキストが君に問いかけている。それを聞き取って応えれば、君にもそれは起こる」と助言を与える。[5] 本稿のはじめに引いた、他者に属する言語を身につけて自己のものにする他者の自己化が、模倣によって自己を他者に同化させる自己の他者化と同一のものであるという細見和之の考察を思い出してほしい。このことは言語習得一般にとどまらず、他者としての戯曲とそれを演じる人間の関係にもあてはまる。「自分を差し出す」という言葉で表現されているのは、他者に向きあうことで自己を開いていくこと、「引きずり出される」自分自身を理解すると同時に自己の変容を受け入れることだと解釈できる。したがって本作に描かれる舞台制作のプロセスは、他者との対峙の比喩として理解されるべきものである。

そのプロセスは、他者に耳を傾けることからはじまる。前作『ハッピーアワー』(二〇一五年)で演技経験のない出演者たちに演出を行うにあたり、濱口は『ドライブ・マイ・カー』の劇中で登場人物たちが行うのと同様に「ニュアンスを込めず、抑揚を排して読み上げてもらう」[6]台本の読みあわせを行っている。『ジャン・ルノワールの演技指導』(*La direction d'acteur par Jean Renoir*、ジゼル・ブロンベルジェ監督、一九六八年)という短編ドキュメンタリー映画のなかで紹介されている「イタリア式本読み」を参考にしたものであるとされるが、ルノワールの方法が「そもそもは『イタリア人のように』早口で読むこと」を意味するのに対し、濱口は日常的な会話の速度に近づけ、ゆっくり読ませる、二倍速で読ませるなどの独自の変更を加えている。[7]次の引用からは、俳優が日常で慣用的に親しんでいる話し方を離れて「テキストを聞く」[8]行為を濱口が特に重視していることがうかがえる。

彼女らは自分で自分の台詞を無色透明なまま「聞いて」覚える。芯の通った声自体、一つの判子のようであり、自分自身にテキストを判で押して行くようだった。彼女らもテキストを聞きながら、変わっていっているようだった。日常生活であれば、その言葉に付随してついてくるであろうニュアンスや抑揚を振り落とすことで初めて、その人がこんな声をしていたのか、と気づく。[9]

ここで「判子」の比喩を用いて濱口が説明する、俳優の身体にテキストが刻印される過程には、「テキストを聞きながら、変わって」いくという他者との対峙によって自己が変容する自己の他者化と、「その人がこんな声をしていたのか、と気づく」という、他者を受け入れることで本来の自分自身が表現される他者の自己化が同時に見て取れる。濱口が俳優たちに課すテキストを「聞く」作業もまた、自己と他者との関係性の比喩として機能しているのである。『ドライブ・マイ・カー』において戯曲の読みあわせのシーンに大きく時間が割かれるのも、他者の言葉を聞き、他者と向きあうという本作の主題がテキストとの対峙というかたちで表現されているからだと考えられる。瀬尾夏美が劇中の稽古のシーンの声を「複声」と呼び、演者の声とテキストの声の融合としてとらえているのも、[10]演者とテキストという他者との交流に着目したためであろう。

抑揚を抑えた台詞回しは「ワーニャ伯父さん」の稽古のシーンや、家福が車内で聞く音による台本の録音テープ以外にも見られる。劇中劇に参加しているわけでもないみさきの台詞も「棒読みメソッドを完璧に実践しているかのよう」[11]と評されている。また、ユナが用いる韓国手話についても、濱口は手話の指導者に対し「手話にも感情を入れず、棒読み（のような表現）以外は教えないでほしい」[12]と注文しており、手話を理解しない観客には違いがわかりにくいものの「棒読み」が意識的に採用されている。彼女たちの感情を大幅に排した発話は、彼女たちの〈声〉そのものを前景化させる。次節で紹介するレヴィナスの〈顔〉の概念を敷衍して、熊野純彦は〈声〉を他者のあらわれの一形態として取り上げている。[13]〈声〉は聴覚刺激である音声や言葉で伝達される内容に還元されない身体性を帯びている。このような意味伝達に寄与しない「音声に対する剰余」[14]の部分において、他者は聞き手である自己の前に裸形で現出する。他者は「語られたことの背後から避けがたくすがたをあらわす」[15]のである。コミュニケーションの剰余として自己による安易な理解や包摂を逃れていく不可知の他者としての声は、音声のみに限定されない。佐々木敦がユナの手話について「韓国語も手話も解さない者にも、彼女の『声』は届いた」[16]と印象を語るとき、それは日本語字幕で伝達される言葉の意味内容ではなく、コミュニケーションに還元されない身振りの身体性を指している。テキストが他者の言葉として提示されていたのに対し、〈声〉は他者のむき出しの身体としてフィルムに表出しているといえる。

二・〈顔〉の他者性

声を聞くことを通した他者との対峙は、撮影技法によっても強調される。それが最も顕著に見られるのが、走行するサーブの後部座席で家福が高槻と会話をするシーンである。シーンは伝統的なショット／切り返しショットの連続からはじまるが、「音は別の男と寝ていた[17]」と家福がより踏み込んだ話題を持ち出した瞬間、それまでのショット／切り返しショットは二人の登場人物の視点ショットの交錯へと切り替わる。そして、高槻が音の物語の続きを語る長い独白がはじまるとショットの切り替わりはしだいに乏しくなり、カメラをまっすぐ見る高槻の顔のクロースアップが延々と映し出される（図5）。ここでの高槻のカメラの直視は、家福（および観客）の視点から高槻の顔を直視していることを意味し、視線の対峙が表現されている。

図5　カメラを直視する高槻

濱口は、このような直視による視線のやり取りを現実の日常を逸脱する瞬間としてとらえている。『ハッピーアワー』の稽古で俳優たちに互いに見つめあう練習をさせた彼は「すでに隈なく見られているからこそ、演者たちはカメラの前では、社会的な慣習を超えて互いに見合うことも可能になる。そこでは演者は普段は押し込めている感覚の力を十分に発揮させる[18]」と語る。

直視によって高槻と視線を交える視点ショットは家福が他者と対峙し、率直なコミュニケーションが行われていることを示すものであろう。

「その〈声〉で語られると、語られたことがその人にとっては真実であると確信できる〈声〉」が高槻によって発せられるこの車内のシーンは、濱口が村上の小説のなかで最も惹きつけられた場面であるという[19]。そのためか、このシーンでは村上の原作小説が最も忠実に再現されている。以下の高槻のモノローグの終盤は、村上の文章をほぼ一字一句なぞるかたちになっている。

でもどれだけ理解し合っているはずの相手でも、どれだけ愛している相手でも、他人の心をそっくり覗き込むなんて無理です。自分が辛くなるだけです。でもそれが自分自身の心なら、努力次第でしっかりと覗き込むことはできるはずです。結局のところ僕らがやらなくちゃならないことは、自分の心と上手に、正直に折り合いをつけていくことじゃないでしょうか？　本当に他人を見たいと思うなら、自分自身を深く、まっすぐ見つめるしかないんです。僕はそう思います。[20]

この台詞では「他人」を理解することの困難あるいは不可能性が提示されている。小説と映画の両方において、このシーンは、不貞をせずにはいられなかった亡き妻の他者性を受け入れるためには自己を知ることが必要であるという家福の気づきが示される瞬間である。この台詞を発する高槻の顔の提示では、背後から光が当たって顔の見えなかった映画冒頭の音のショットとは対照的に正面から照明が当てられ、高槻の涙で潤んだ目によって「お互いの瞳の中に、遠く離れた恒星のような輝きを認めあった[21]」という村上の小説の描写が視覚的に再現されている。カメラを直視する高槻のモノローグは高槻の視点による家福の短いクロースアップを何度か挟みながら七分弱にも及び、観客は否応なく画面中央に照らし出される高槻／岡田将生の表情の機微に向くように作られている。ここでカメラの前に差し出された岡田の顔は、「人間の顔の差し押さえが群衆を最も大きな不安の中へ投げ込んだ時、また文字通り媚薬にのめりこむのと同じように、人間のイメージに没頭した時、また顔というものが、誰にも手の届かない、とはいえ諦めることもできない、肉体のある種の絶対的な状態を構成していた時[22]」に属するとロラン・バルトが評したグレタ・ガルボの顔に比することもできるだろう。バルトは彼の批評のなかで映画スターの顔をプラトンのイデアのように観客の手の届かない超越的な存在であると同時に、観客の果てしない欲望の対象として論じている。その顔は、いかに私が欲望しようとも触れることも所有することも不可能な絶対的な他者性を有する顔である。得体の知れない他者であるからこそ、観客は魅惑されつつも不安を抱かずにはいられない。

「肉体のある種の絶対的な状態」としての超越的な顔の神格化を論じるバルトの批評は、彼と同時代の思想家であったレヴィナスによる他者性の顕現としての顔をめぐる議論に重なる部分が大きい。『全体性と無限』のなかでレヴィナスは、自己によって所有や権能の及ばない絶対的な他者が現前する様態として「顔」という表現を用いている。自己は他者に触れ、所有することで〈他〉ではない〈同〉のものとして包摂することを欲望するが、面前の他者の顔においては自己に対する抵抗が「無防備なその眼のまったき裸形のうちで煌めく[23]」。顔との対峙を通して「顔は私にことばを語りかけ、そのことで私はある関係へといざなわれる。その関係はしかも、享受や認識といったそれであれ、ふるわれる権能とはなんら共通の尺度をもたないような関係なのである[24]」。いわば、他者の顔と向きあうことは自分の認識やコントロールを超えた存在が顔を通して目の前に現れることで、自己の既存の枠組みを超えて他者と関わることを意味する。

顔をめぐるレヴィナスの思索を踏まえると、家福が音の話の続きを高槻から聞かされる車内の対話シーンは、まさに他者の顔との対峙として演出されていることがわかる。他者である高槻の顔を通して家福の前に出現しているのは、もう一人の他者である音であるといっても過言ではない。すでに死んでいる音を家福が理解しようとすることは「他人の心をそっくり覗き込む」という不可能な行為であると家福は気づかされる。野崎歓が高槻の顔を「深い表面」と呼び、「映画は表層に徹して深層に突き抜け、人物の魂の奥底にまで視線を届かせる」[25]とこのシーンを評したのは、ここで提示される顔が単なる俳優の顔面の表象である以上に他者の顔という役割を担っているからにほかならない。しかし、ここで家福が他者の顔に直面する瞬間は、決して対話を通して自己と他者の心が通じあった瞬間や、自己が他者を理解できた瞬間といった類のものではない。「顔が現前すること――つまり表出――は、内部［内面］的世界を開示するものではない。［…］顔の現前は、これとは反対に、語られたことばによってすでに私たちのあいだで共有されている、与えられたものを超えて私に呼びかけている」[26]とレヴィナスが語るとおり、ここでは高槻の内面について何も示されておらず、彼が暴力で人を死にいたらしめた直後であることを家福は想像することすらできない。それでも、彼が真実を語っていると家福（および運転席で話を聞いていたみさき）が感じられるのは、家福が高槻の顔と声を通して他者に呼びかけられているからである。沼野充義が短編小説「木野」との関連で論じるように、家福も小説の木野と同様に、不倫を働く妻を問い詰めて怒りをぶつけることなく、彼女を理解しようともしなかった。[27]高槻が示唆するとおり「音さんが聞いてもらいたがっていた」[28]にもかかわらず、家福は彼女からの呼びかけを無視していたのである。家福の視点ショットである高槻の顔からは、語られる内容を超えて家福に迫ってくる他者の呼びかけが表現されている。

おわりに

本稿では、東アジアにおける同時代の文脈を糸口に映画『ドライブ・マイ・カー』のなかで構築される他者性に注目してきた。家福にとって最も近くにいながらわかりあえなかった他者である音との関係に日本と隣国の対立を重ねることで、妻の死に対する家福の罪悪感に日本の歴史認識の問題さえも見えてくるかもしれない。そんななかで、韓国にいるみさきを描いたエピローグが大きな意味を持つことになる。劇中では彼女が韓国で何をしているのか、このシーンが先行するそれまでのシーンとどう関連しているのかといった点について明示的な説明が与えられておらず、物語の帰着としては一見奇妙な印象すら与えるエピローグである。だが、彼女がナンバープレートの張り替えられた家福の赤いサーブ900を運転し、ユナが夫のユンスと飼っていた犬によく似た茶色い犬を同乗させていることから、物語の因果関係よりも象徴的な面での関連が暗示されている。「モチーフの反復によって、みさきが他者との交流を通して変化していったさまが印づけられている」[29]と伊藤弘了が分析するとおり、ここでは家福と同様にみずからの過去と向きあったみさきの新しい姿が描かれている。韓国に舞台を移すことで、「本当に他人を見」る可能性へ向けて開かれた結末となったといえるだろう。

映画によるアダプテーションは従来、原作に対する忠実さという観点から論じられることが多かった。[30]原作からの逸脱がファンや原作者から強く拒絶されたり、有名な原作への過度の配慮から単にプロットに忠実なだけの作品が生まれたりすることもアダプテーションにおいてはしばしば見られる。村上春樹のように幅広い世代によって国内外で読まれている作家の作品の映画化の場合は、特にその傾向は強い。しかし、濱口はプロットの面は独自の要素を多く盛り込みながらも、小説「ドライブ・マイ・カー」の高槻の台詞に見られた自己と他者の問題などの主題を読み取り、音声やクロースアップといった映像メディア独自の表現技法で応答している。このような原作という他者との創造的な交流にこそ、アダプテーションの魅力があるのではないか。

注

(1)三浦哲哉「『ドライブ・マイ・カー』の奇跡的なドライブ感について」『群像』二〇二一年九月号、三三七頁。
(2)細見和之『アイデンティティ／他者性』岩波書店、二一―八頁。
(3)同、一三頁。
(4)冨塚亮平が分析するとおり、本作のベッドシーンで濱口は『なみのおと』(酒井耕と共同監督、二〇一一年)などの作品で用いた「Z形式」と自身が呼ぶ撮影技法を応用し、登場人物同士の視線の交わりを巧妙に回避している。Ryohei Tomizuka, "Looking and Touching: Bodies in *Drive My Car*," paper presented at *Drive My Car*: A Symposium on Hamaguchi's Cross-Media Vehicle, Keio University, June 18, 2022. ただし、ベッドに横たわって音の顔を見上げる家福のショットを見る限り、冒頭のショットは家福の視点ショットと解釈できる余地を残しているようにも見える。
(5)濱口竜介・大江崇允「シナリオ　ドライブ・マイ・カー」『シナリオ』二〇二一年一一月号、六三頁。
(6)濱口竜介・野原位・高橋知由『カメラの前で演じること――映画「ハッピーアワー」テキスト集成』左右社、二〇一五年、五八頁。
(7)同、五八頁。
(8)同、六一頁。
(9)同、六四頁。
(10)瀬尾夏美「聞くこと、演じること」『文學界』二〇二一年九月号、一一三頁。
(11)野崎歓「赤いサーブと『声』のゆくえ――濱口竜介監督『ドライブ・マイ・カー』論」『芸術新潮』二〇二一年九月号、

一一〇頁。
(12)「時の人　各国に友人『意思通じる』『ドライブ・マイ・カー』で韓国手話の演技指導　桑原絵美さん」『沖縄タイムス』二〇二二年七月一四日朝刊、二四頁。
(13)熊野純彦『レヴィナス入門』筑摩書房、一九九九年、二〇四―二〇五頁。
(14)同、二〇五頁。
(15)エマニュエル・レヴィナス『全体性と無限（下）』熊野純彦訳、岩波書店、二〇〇六年、三一―三二頁。
(16)佐々木敦「言語の修得と運転の習熟――『ドライブ・マイ・カー』論」『文學界』二〇二一年九月号、一二〇頁。
(17)濱口・大江、六四頁。
(18)濱口・野原・高橋、六六頁。
(19)濱口竜介・近藤希実「ドライブ・マイ・カー　現場で何かが起こる、その可能性を高めるにはできるだけ準備をすることにつきます」『映画芸術』二〇二一年三月号、五頁。
(20)濱口・大江、六五―六六頁。
(21)同、六一頁。
(22)ロラン・バルト『ロラン・バルト映画論集』諸田和治編訳、筑摩書房、一九九八年、一九一頁。
(23)レヴィナス、四一頁。
(24)同、三八頁。
(25)野崎、一一〇頁。傍点は原文どおり。
(26)同、七二頁。
(27)沼野充義「村上―チェーホフ―濱口の三つ巴――『ドライブ・マイ・カー』の勝利」『新潮』二〇二一年一〇月号、二一六頁。
(28)濱口・大江、六四頁。
(29)伊藤弘了「よくばり映画鑑賞術：米アカデミー賞『ドライブ・マイ・カー』『回転』と『音』を起点に深読みして分かったこと　その2」ひとシネマ、二〇二二年四月六日〈https://hitocinema.mainichi.jp/article/88b9ldvmwe6〉。
(30)例えば、Rick Warner, Colin MacCabe and Kathleen Murray, eds., *True to the Spirit: Film Adaptation and the Question of Fidelity,*

Oxford UP, 2011.

＊本稿の図版は以下を除き『ドライブ・マイ・カー』濱口竜介監督、二〇二一年（DVD、TCエンタテインメント、二〇二二年）より引用。

【図4】『不気味なものの肌に触れる』濱口竜介監督、二〇一三年

＊＊本稿は、国際シンポジウム「*Drive My Car*: A Symposium on Hamaguchi's Cross-Media Vehicle」（二〇二二年六月一八日）で行った発表「Hear the Other Sing: The Construction and Acceptance of Otherness in *Drive My Car*」に基づくものである。研究に際しては、科研費若手研究「ポスト撮影所時代の日本映画における村上春樹映像化作品の位置づけに関する基礎研究」（22K13025）ならびに基盤研究C「村上春樹文学アダプテーションに関する総合的研究―「世界文学」という視座から―」（22K00320）の助成を受けた。

世界の循環と生の反復
——映画『ドライブ・マイ・カー』における水の主題系と音を伴う回転のモチーフ

伊藤弘了

雨は永遠に降り続くかのようだった。十月の雨はいつもこんな風に降る。何もかもを濡らすまで、いつまでも降り続ける。地表はぐっしょり濡れていた。木も高速道路も畑も車も犬も、全てがまんべんなく雨を吸いこみ、世界は救いがたい冷ややかさに充ちていた。(1)

十月の雨は素敵だった。針のように細い、そして綿のように柔らかな雨が、枯れはじめたゴルフ場の芝一面に降り注いだ。そして水たまりを作るでもなく、大地にゆっくりと吸いこまれていった。(2)

正確には前と同じ場所ではない

水は循環する。地表に降り注いだ雨は大地に吸収され、川へ、そして海へと流れ込み、蒸発して雲を形成し、再び雨となって戻ってくる。

地球の生態系はこうした水や大気の循環機構に支えられている。その地球もまた、自身が回転しながら、同時に太陽の周りを回っている。めぐりめぐって戻ってくること。それがこの世界の摂理なのだとすれば、そこに生きる人間の生が堂々めぐりを繰り返すのも頷ける。

映画『ドライブ・マイ・カー』(濱口竜介監督、二〇二一年)は世界と人間のそのような摂理を描く。その意味で「回転している地球、つまり世界が刻一刻と動いている感じが、本当に居心地がよかったんですよね」(3)という映画監督の三宅唱の感想は、この映画の核心を突いている。

とはいえ肝心なのは、循環が必然的に差異を呼び込む点である。いま降っている雨は、以前のものと同じではない。その意味合いは、観測者たる人間の側の事情にも左右される。差異を伴う反復によって規定される映画は、そのような事態を描くのに長けたミディアムである。

循環する世界と反復される人間の営みのなかに生じる差異。この感覚は映画の原作者である村上春樹の小説に由来するものと考えられる。映画『ドライブ・マイ・カー』が村上の原作に忠実であるとすれば、それは小説の描写をそのまま映画に移し替えているからではなく、そのエッセンスの部分を巧みに抽出して映像と音響に置き換えているからである。

小説「ドライブ・マイ・カー」では、俳優である主人公の家福が「演技」について次のように語っている。「演技をしていると、自分以外のものになることができる。そしてそれが終わると、また自分自身に戻れる」(4)。「いやでも元に戻る。でも戻ってきたときは、前とは少しだけ立ち位置が違っている。それがルールなんだ。完全に前と同じということはあり得ない」(5)。また、小説の末尾近くには「いったん自己を離れ、また自己に戻る。しかし、戻ったところは正確には前と同じ場所ではない」(6)という記述もあり、これが作品にとって重要なテーマであることがわかる。

しかし、映画には同様の台詞は見られない。その代わりに、小説の表現が持つニュアンスを映像および音響として表現することに注力している。先ほど引用した家福の言葉の直後には「細かい雨が降り始め、みさきは何度かワイパーを動かした[7]」という地の文による描写が置かれている。反復運動を宿命づけられたワイパーという機構も象徴的だが、ここでは雨に着目したい。

小説にはたびたび雨にまつわる描写が出てくる。「細かい雨が降り始め[8]」るなか、家福は妻の浮気相手だった高槻との交流についてドライバーの渡利みさきに語る。家福と高槻が会うときには「なぜか雨が降っていることが多[9]」く、「やはり細かい雨が降っていた[10]」というある日の二人の会話を詳しく語っていく。このときは、別れ際にも「弱い雨が降ってい[11]」る。家福による長い回想シーンが終わって車内のみさきとの会話に戻り、その場面で小説は終わる。小説の末尾近くには「彼女は何度かワイパーを素早く動かして、フロントガラスについて水滴を取った[12]」という記述が見られ、この時点でもまだ雨が降り続いていることがわかる。

つまり、雨の日の出来事を含む回想シーンと、語りの現在時における雨の描写が入れ子構造をなしているのである。繰り返される雨の描写が地球の循環と人生の反復を基礎づける。しかし、家福が立っているのは（比喩的な意味で）「正確には前と同じ場所ではない」。

これらの場面に先立って、小説には雨の設定を活かすための伏線がさりげなく張られている。みさきと出会う前に、修理に出していた愛車のサーブ900を引き取る際、「強い雨の降る日には隙間の水漏れを気にする必要がある[13]」という説明が挿入されている。さらに、家福が信頼を置く修理工の男はサーブについて「さすがにあちこちに少しずつやれが出てきていますが、まだまだ大丈夫です[14]」と述べる。これは車に対するコメントでありながら、同時に家福の人生に対するコメントとしても読める。

小説内で描かれるのは「細かい雨」や「弱い雨」が降っている日の出来事であり、「強い雨の降る日」

の様子が描かれることはない。さしあたり凪いだ日々を送っているように見える家福だが、「強い雨」に晒されたときにもその状態を保つことができるだろうか。映画は村上の別の短編を取り込む形で「強い雨」に晒された家福の姿を描いていく。

雨と涙が織りなす水の主題系

映画では三度にわたって雨の様子が描かれている。最初の雨は、主人公の家福と妻の音が娘の法事を執りおこなうシーンとその帰り道、および帰宅後にセックスに及ぶシーンで降っている。現在の家福は舞台演出家（兼舞台俳優）をしており、音はテレビドラマの脚本家として活躍している。二人の間には娘がいたが、四歳のときに肺炎で亡くなったという設定である。一義的には原作小説の雨を悲しみの比喩表現として用いている格好だが、そうした発想自体はごくありふれている。しかし、この雨は反復によって新たな意味を獲得する。

この場面では、「強い雨」が降っていることを音響的に印象づけている。寺院の門を捉えたこのシーンのエスタブリッシング・ショットには強い雨音が重ねられている。カメラが建物内に移動してからも雨音は続き、帰り道では車の走行音と混じりながら聞こえている。帰宅後に二人がセックスしているあいだも雨音は間断なく聞こえ続けている。

二度目の雨は音の葬儀の日に降る。家福に何か大事なことを伝えようとしていた音は、それを果たすことなく、くも膜下出血で急逝してしまう。音の葬儀は、娘の法要と同じ寺院で執りおこなわれる。葬儀に臨んだ家福の目に涙はなく、無表情を貫いている。ここでも、読経の声に雨音が重ねられており、屋外に出て家福が参列者を見送る場面では一層強い雨音が聞こえている。

降りしきる雨は、家福が流すことのできなかった涙の代わりなのかもしれない。こうして水の循環と人間の生理が結びつき、雨と涙が「水の主題」としてつながってくる。愛する妻を亡くした家福が涙を見せないのは、物語展開上、重要なポイントとなっている。彼は妻の不倫を知っていながら、彼女との関係が損なわれることを恐れて気づかないふりを続けていた。家福は自分の感情を押し殺して生きてきた人物なのである。

劇中には家福が「泣くことのできない男」であることを強調するシーンがある。ウラジオストクで開催された演劇祭の審査員を務めて帰国した家福は、自宅へ帰る途中で自動車事故を起こす。検査の結果、緑内障を患っていることが判明し、医師から症状の進行を抑えるための点眼薬を処方される。

図1　「泣きました」というセリフの再生に合わせて、家福の左目からあふれ出した目薬の液が彼の頬を伝って落ちていく。

緑内障によって視野が狭まっている状態は、現実を直視できない家福のメタファーにもなっている。音から話があると言われた夜、家福は自宅マンションの駐車場に愛車のサーブ900ターボを停め、その車中で左目に目薬を差す。目薬の液は家福の目からあふれて頬を伝わり落ち、あたかも泣いているように見える（図1）。

家福は、音がカセットテープに吹き込んだ「ワーニャ伯父さん」の台詞を運転中に聞いているのだが、まさにその瞬間にかぶせるようにして「あたしたちは苦しみましたって、泣きましたって、つらかったって」[15]という台詞が再生されている（このシーンの直後に帰宅した家福は自宅で倒れている音を発見し、葬儀のシーンへと移行する）。

涙は映画の終盤で再び雨と邂逅を果たすことになる。三度目の雨

図2　「生きていかなくちゃ」という台詞のあと、家福の右目から涙がこぼれ落ちる。

は、家福とみさきが北海道へ向かう途中に降る。みさきの運転するサーブが長いトンネルを抜けると、土砂降りの雨が降ってくる。そのショットは海上を航行するフェリーのショットに引き継がれ、水音が連鎖する。北海道に着いたあと、サーブがトンネルを抜けたところで車内に強い日差しが差し込み、眠っていた家福が目を覚ます。すると、そこには一面の雪景色が広がっている。

監督の濱口は、本作について「涙もそうなのかもしれないけれど、水が流れて、最終的に冷え固まって雪となるような、そういう映画全体の見取り図というのはあったように思います[16]」と述べている。雨から海、そして雪へという一連の流れは、まさにこの発言を裏書きしている。水が凝固して作り上げた北海道の雪景色のなかで、家福は涙を取り戻す。音を見殺しにしてしまったと感じている家福と、実の母を見殺しにしてしまったと感じているみさきは、ともに心に深い傷を負っている。その傷と向き合う覚悟を決めた家福がみさきを抱きしめ「生きていかなくちゃ」と言った直後に、彼の右目から大粒の涙がこぼれ落ちる（涙があふれるのは、緑内障を患っているのとは逆の目である）（図2）。泣くことのできない家福のために降っていた雨はもはや必要ない。あたり一面の雪景色はそのことを視覚的にアピールしている。

ここで家福が取り戻した涙は、妻の音から引き継いだものでもある。映画批評家の三浦哲哉は次のように述べている。

序盤に音（霧島れいか）が家福に語る物語のなかで、音の心の奥底から出てきたらしい架空の人物がポタポタと涙でシーツを濡らすと描写されます。そのとても切実な涙を引き取って、家福が涙を流している。[17]

音はセックスの最中にしばしば夢遊病のような状態に陥って物語を語る。音自身はその物語の内容をよく覚えていないので、翌朝家福から内容を聞き、それをもとにしてドラマの脚本を書く。ここで三浦が言及しているのは、初恋相手の部屋に忍び込んだ女子高生の話である。彼女は、初恋相手の枕を濡らした涙のことを「しるし」だと考えている。家福はその「しるし」を取り戻したのである。

雨と涙をめぐる本作の主題系は、最後の「ワーニャ伯父さん」の上演シーンで音響面の伏線を回収していく。北海道から広島へと戻った家福は、自らワーニャ役として舞台に立つ。舞台上で繰り広げられているのは、家福が自宅マンションの駐車場で音の録音テープを聴いていたのと同じ場面である。脚本には「あたしたちは苦しみましたって、泣きましたって、つらかったって[18]」というユナ扮するソーニャの手話による台詞のあとに「家福は、ユナを見て涙を流す[19]」というト書きがある。かつては目薬で代替しなければならなかった涙と、家福自身が流す涙を対比させようとしているのである。

しかしながら、画面を見る限り、ここで家福は涙を流してはいない。たしかに家福の瞳は潤んでいるように見えるし、鼻をすする音も聞こえるが、涙そのものは流れていない。その代わりに、会場に「雨」が降る。正確には「雨音」が鳴り響く。劇が終わり、舞台が暗転すると観客による拍手の音が聞こえてくる。暗闇に鳴り響くその拍手の音は、雨音によく似ているのである。

拍手の雨はかつて家福が取り逃していたものの一つだ。音が亡くなった直後に家福がワーニャを演じた舞台では、彼は上演中に平静を失い、演技を続けることができなくなってしまった。劇が途中で止まった以上、それに続くべき拍手の音が響くこともない。

最後の舞台では、テープに吹き込まれた音の声はユナの手話によって視覚化／無音化されている。視界に盲点を抱える家福が取り戻した涙は封印され、画面が暗転して観客の視覚も奪われる。そこで映画は、いったん手放した雨を音響として再召喚するのである。

劇中に降った雨は循環するうちにさまざまに姿を変え、まったく別の姿を纏って回帰する。その大いなる循環のなかで反復される登場人物の生にも、必然的に差異が生じる。そしてその射程は映画を見ている観客すら圏内に収めようとする。拍手の音が雨音に聞こえるようになった観客は、世界の見方を変えられてしまう。映画を見終えたあとには、見る前とは別の場所に立つことになるのである。

音をともなう回転のモチーフ

小説「ドライブ・マイ・カー」のなかで、家福と高槻はある雨の降る夜に「青山の小さなバー」を訪れる。そのバーでは「古いジャズのレコードがターンテーブルの上で回ってい[20]」る。「根津美術館の裏手の路地の奥にある目立たない店[21]」と説明されるその場所は、同じ短編集に収められている「木野」の主要舞台にほかならない。

短編小説「木野」では、主人公が経営することになるバーについて「根津美術館の裏手の路地の奥にあり、客商売にはまったく向かない立地だった[22]」と説明されている。主人公の木野は「古い時代のジャズをアナログ・レコードで聴くのが昔から好き[23]」な人物であり、彼の店は「プレーヤーの上で回転している古いLPレコード」[24]をささやかな特徴の一つとしている。

雨にまつわる描写を通して見てきたように、[25]映画『ドライブ・マイ・カー』は音を重視している。その映画が、原作小説に出てくるレコードを要素として取り込むのは必然だろう。平和な情景の一部として映画の冒頭部分にあらわれるレコードプレーヤーのショットは、その後、不穏さの度合いを強めながら何度も登場する。

まず、冒頭のシーンで家福の自宅にレコードプレーヤーがあることが示される。リビングを捉えたいくつかのショットの最後にプレーヤーのショットが配されている。プレーヤーにはカバーがかけられており、音楽はかかっていない。そのショットに続いて、セックスを終え、ベッドで静かに抱き合って眠る家福と音の姿が映し出される。

図3　最初の登場時に使用されていなかったレコードプレーヤーは、音の浮気場面では回転しながら音楽を奏でている。

二度目に家福宅のレコードプレーヤーがあらわれるのは、家福が音の浮気現場を目撃するシーンである。ウラジオストク行きが延期になり、自宅に帰ってきた家福が玄関を開けると音楽が聞こえてくる。怪訝な表情を浮かべる家福が歩を進めると、正面に置かれている姿見越しに行為に及んでいる音の姿が見える。続いて、ターンテーブルの上で回転するレコードのクロースアップが挿入され、音源が明らかとなる（図3）。ベッドに静かに身を横たえている夫妻のショットと結びついていた一度目とは異なり、二度目は浮気相手の男に抱きついて激しく身体を上下させる音のショットに接続されている。

図4　店内の照明を反映した薄暗い画面のなか、レコードが黒光りしながら回転している。

三度目にレコードが登場するシーンでは、音が再生中のプレーヤーを止めて、家福に「昨日の話」「覚えてる？」[26]と尋ねる。前夜の性行為の際に音が家福に語った物語のことである。その物語に出てきたやつめうなぎの動画を視聴している家福は、確実に覚えているにもかかわらず、「ごめん、昨日のはよく覚えてない」[27]と嘘をつき、逃げるように家を出ようとする。家を出る直前、音から「今晩帰ったら少し話せる？」と訊かれ「もちろん」と答えて出ていく[28]。しかし、その日の夜遅くに彼が帰宅したときには音はすでに倒れており、そのまま亡くなる。彼女が音の音（肉声）を聞く機会は永遠に失われてしまうのである。

映画の後半には、家福と高槻がバーを訪れるシーンが二回ある。二回目のバーのシーンを導くショットとして、店内でかけられているレコードのクロースアップを用いている（図4）。レコードプレーヤーが登場する四度目のシーンである。

薄暗い画面上にあらわれる四度目のレコードはこの時点で不吉な予兆を孕んでいる。じっさい、バーのなかで有名俳優の高槻はほかの客から盗撮されて憤りを露わにし、バーを出てからなお撮影を試みるその客のあとを追いかけ、暴行をくわえて死なせてしまう。

同時に、レコードはセックスと紐づけられた小道具としての側面も持ち合わせている。家福が音の浮気現場を目撃した際、相手の男の顔は映し出されないが、彼は高槻が音の不倫相手だったと考えている。音と高槻の情事を彩っていたレコードは、家福と高槻の対話の場面で反復されるのである。

バーを出たあと、家福と高槻はみさきの運転するサーブに同乗する。高槻はそこで生前の音が語っていた物語の続きを家福に伝える（高槻がそれを知っていること自体、彼と音の浮気を傍証している）。二人は後部座席に並んで座っており、高槻は潤んだ瞳で家福を見つめる。そこにホモセクシュアルな欲望を見ることもできるだろうが、ここではセックスを介した音の語りを再現する場に性的なニュアンスが伴う自然さを指摘しておけば十分である。家福と高槻が会話を通した擬似的な性的関係を結んでいるとして、ここでそれを目撃しているのは運転手のみさきである。音亡きいま、かつての三角関係は登場人物を入れ替えて再演される。

レコードの回転運動は循環のヴァリアントと見なせるだろう。映画が回転を強く意識していることは、オープニング・クレジット直前の描写から明らかである。広島に向かうサーブのタイヤの回転とカセットテープの回転をディゾルヴでつないでおり、図像的な一致をアピールしている（図5）。

図5　サーブ900の回転するタイヤにカセットテープの回転が重ねられていく。

レコード、サーブのタイヤ、カセットテープはいずれも回転しながら音を発する（そもそも、原作小説で名前の与えられていなかった家福の妻に「音」という名前を設定しているのは徴候的である）。

また、レコードやカセットテープは古いメディアであり、家福が乗っているサーブ９００もすでに生産を終了している古い車だ（映画では一五年間乗っているという設定になっている）。これらの古いものたちは、家福が過去に囚われていることを象徴する。家福夫妻の娘が亡くなったのは、映画の後半時点から見て一九年前のことである。レコード、カセットテープ、サーブはそのときに止まってしまった夫妻の時間をあらわすガジェットなのである。そのカセットテープからは亡くなった妻の声が再生され、サーブの車内を満たす。家福は、文字通り過去の「音」に囲まれて生きている。

前に進むことのできない家福のあり方はサーブを通して描かれる。広島国際演劇祭の滞在制作をしている家福は、ある日の稽古後、専属ドライバーのみさきに「どこでもいいから、走らせてくれないか」[29]と伝える。自動車は基本的にどこかに移動するために使うものだが、行き先を決めるのはあくまで人間である。このセリフは、人生の目的地を見失っている家福の状況と重なっている。

みさきは家福を市内のゴミ処理場へと連れて行く。その建物の二階には吹き抜けの通路がある。みさきの説明によれば、平和公園の方向へと続くその吹き抜けには、慰霊碑と原爆ドームを結ぶ「平和の軸線」を塞がず、海の向こうまで伸びていくようにという建築家の思いが託されている。劇中に何度もあらわれる回転のイメージに対して、ここでは直線が強調されている。また、みさきが発する「海の向こう」という言葉も鍵になっている。

工場内を見て回った二人は、その後、海辺の公園にやってきてタバコを吸う。その場面の会話のなかで家福は、いつも車のなかで流しているカセットテープの声の主が二年前に亡くなった自分の妻であることをみさきに告げる。「あのテープを聞くのが、怖くなった?」と問いかける家福に対して、みさきが「いえ、全然。むしろ何だか……」と言ったところで[30]、何かが転がってくるような音が聞こえてくる。フリスビーが飛んできたのである。みさきは言葉を切って、転がってきたフリスビーを持ち主に投げ返す。フリスビーもまた回転する物体である。飛翔してきた回転体によって会話は遮られ、その続きは言われないままに終わってしまう(フリスビーを投げた女性が犬を連れているのもささやかな伏線として機能している)。

みさきは、地滑りに巻き込まれた母親を見殺しにした過去を持つ（地滑りは大雨によってもたらされる災害である）。彼女はのちに家福とともに生まれ故郷の北海道上十二滝村を訪れる。回転するサーブのタイヤは、広島から北海道を目指して長い線を描く。事故現場であるみさきの生家跡に立った二人は、それぞれが抱えている傷の深さを確認しあい、新たな目的地を見いだすべく前を向き始める。

「ワーニャ伯父さん」の舞台公演が終わったあと、映画の末尾には韓国のシーンが置かれている。ゴミ処理場を見学した際にみさきが発していた「海の向こう」という言葉が現実のものとなったのである（小説でみさきに与えられていた渡利という苗字から連想されるイメージがうまく膨らまされている）。このシーンに先立って、北海道を目指す途中でみさきはサーブとともにフェリーに乗っており、一度、海を越えている。彼女の韓国行きはそれを大掛かりに反復したものである。

韓国のスーパーマーケットで買い物を済ませたみさきは、家福が乗っていたのと同じ赤色のサーブに乗り込む。後部座席には犬が乗っているのが見え、彼女が車を走らせ始めてマスクを外すと前に顔を突き出してくる。犬と戯れるみさきの姿は、映画の中盤にユナとコン・ユンスの家にディナーに招かれた際に見られたものの反復である（また、先ほど見たようにゴミ処理場のシーンの最後にはフリスビーとともに犬が登場していた）。モチーフの反復によって、みさきが他者との交流を通して変化していったさまが跡づけられている。

この最後のシーンでみさきが運転しているサーブは、おそらく家福から譲り受けたものだろう。家福がとりわけ大事にしていたものだが、だからこそ、それを譲ったことは家福に大きな心境の変化があったことを示唆する。最初にみさきがドライバーとして登場した際には、家福は彼女に運転を頼むことに難色を示していた。みさきの側もやはり遠慮を見せている。稽古の終わりが遅くなるときは車内で待っていてほしいと言う家福に対して、彼女は「大事にされている車とわかるので落ち着きません[31]」と答えるのである。だが、スーパーマーケットからの帰り道では、みさきはくつろいだ様子で笑みを浮かべている。家福の古いサーブは、みさきに贈与されることで新しい生を得る。彼女はもはや雇われドライバーではなく、自分の車を自分で運転しているのである。

運転席のみさきを正面から映したショットは、映画の最後のショットへと切り返される。走行する車の運転手の主観ショットとして、果ての見えない海岸沿いの長い直線の道路が提示される。サーブが奏でるエンジンの心地よい回転音に劇伴が重ねられ（もはやカセットテープは必要ない）、やがて真っ黒の画面に映画のタイトルが大写しにされる。ここで提示される「DRIVE MY CAR」のタイトルは、したがって、文字通りの意味をあらわしていることになる。

注

(1)村上春樹『一九七三年のピンボール』講談社文庫、二〇〇四年、一〇一頁。
(2)同書、一三七頁。
(3)濱口竜介・三宅唱・三浦哲哉「『われわれは終わった後を生きている』という気分」『キネマ旬報』二〇二一年八月上旬号、二〇頁。
(4)村上春樹「ドライブ・マイ・カー」『女のいない男たち』文藝春秋、二〇一四年、三五頁。
(5)同書、四一頁。
(6)同書、六二三頁。
(7)同書、四一頁。

(8)同書、四一頁。
(9)同書、五〇頁。
(10)同書、五〇頁。
(11)同書、五五頁。
(12)同書、六一―二頁。
(13)同書、一九頁。
(14)同書、二〇頁。
(15)濱口竜介・大江崇允「シナリオ　ドライブ・マイ・カー」『シナリオ』二〇二一年一一月号、四四頁。
(16)前掲「『われわれは終わった後を生きている』という気分」、二一頁。
(17)同書、二一頁。
(18)前掲『シナリオ』、七二頁。
(19)同書、七二頁。
(20)同書、五〇頁。
(21)前掲「ドライブ・マイ・カー」、五〇頁。
(22)村上春樹「木野」『女のいない男たち』文藝春秋、二〇一四年、二一八頁。
(23)同書、二二〇頁。
(24)同書、二二三頁。
(25)「木野」においても重要な出来事が起こる際には雨が降っている。二人連れの男たちが店にトラブルを持ち込んだ日には「傘が必要かどうか迷う程度の雨」(二二二頁)が降っていた。また、バーを離れて旅に出た木野が熊本のビジネス・ホテルに宿泊した夜には「雨脚はさして強くないが、降りやむ兆しの見えない秋特有の長雨」(二五二頁)が降る。そのホテルの一室で、木野は「傷つくべきときに十分に傷つかなかった」(二五六頁)ことに思い至る。「本物の痛みを感じるべきときに(中略)肝心の感情を押し殺してしまった」(二五六頁)ことに気づくのである。そのことを自覚した木野は「涙を流」す(二六一頁)。雨の描写が「ドライブ・マイ・カー」と「木野」という二つの短編小説を橋渡しする役割を果たしており、映画は「木野」における雨と涙の連関を取り入れているのである。

（26）前掲『シナリオ』、四三頁。
（27）同書、四三頁。
（28）同書、四四頁。
（29）同書、六〇頁。
（30）同書、六一頁。
（31）同書、五二頁。

＊本稿の図版はすべて『ドライブ・マイ・カー』濱口竜介監督、二〇二一年（ＤＶＤ、ＴＣエンタテインメント、二〇二二年）より引用。

＊＊本稿は、国際シンポジウム「Drive My Car: A Symposium on Hamaguchi's Cross-Media Vehicle」（二〇二二年六月一八日）で行った発表「All the World's a Stage, Rotating with Sound: Motives of Rotation and Sound in *Drive My Car*」に基づくものである。さらに、その後に行った次の二つの発表の内容を含む。「この世は音を立てながら回る舞台、人はみな役者――映画『ドライブ・マイ・カー』論」（村上春樹研究フォーラム、二〇二二年八月二〇日）、「映画『ドライブ・マイ・カー』における「水」と「回転」の主題系」（村上春樹とアダプテーション研究会、二〇二二年一〇月二〇日）。各発表の場でいただいたご意見は本稿を仕上げる上で有益だった。記して感謝の意を表する。
本稿はＪＳＰＳ科研費JP22K00320の助成を受けたものである。

アダプテーションの終わりに向かって

——濱口竜介の『寝ても覚めても』と『ドライブ・マイ・カー』における翻訳の始まり

佐藤元状

イントロダクション

濱口竜介の近年の二つの映画作品——『寝ても覚めても』（二〇一八年）と『ドライブ・マイ・カー』（二〇二一年）——を「翻訳」と見なすことは、意外に思われるかもしれない。[1]前者が柴崎友香の小説『寝ても覚めても』（二〇一〇年）に、後者が村上春樹の短編小説「ドライブ・マイ・カー」（二〇一三年）に基づいていることを考えれば、これら二つの作品をあえて「翻訳」と呼ぶよりは、「アダプテーション」と呼ぶほうが、理にかなっている。しかし、学界で議論されるようなアダプテーションの諸概念——アダプテーション研究においては、しばしば多くの論題が「忠実さ」と「自由さ」、つまり原作との距離の問題に収斂していく——は、『ハッピーアワー』（二〇一五年）以降、濱口が本格的に取り組んでいるユニークな実験の射程について、有益な知見を提供してくれるようには思えないのだ。[2]

濱口がルノワールから受け継いだ「イタリア式本読み」——濱口の言葉を借りれば、「テキストはどのような種類のものであっても、ニュアンスを込めず、抑揚を排して読み上げてもらう」――は、その顕著な一例である。(3) 彼のインスピレーションの源となったのは、『ジャン・ルノワールの演技指導』（一九六八年）というドキュメンタリー作品であるが、濱口は『ドライブ・マイ・カー』において、このイタリア式本読みをより包括的な仕方で実践していく。つまり、彼の登場人物兼俳優たち全員に台詞を――村上の言葉であろうと、チェーホフの言葉であろうと、濱口の言葉であろうと――文字通り読み上げるよう、「ニュアンスを込めず、抑揚を排して読み上げ」るよう要請するのである。濱口は「テキスト的人間」という恐ろしい言葉でこの事態を表現する。それは「テキストがはらわたに落ちた状態」であり、「テキストがテキストのまま、演者に保持されている状態であり、テキストと演者それぞれ別のもののまま、共存しているような状態だ」(4)。濱口がルノワールから発展的に継承したイタリア式本読み、つまり原作の言葉に対する頑固なまでの執着《コミットメント》は、「翻訳」というものに対する新たな思考法を、私たちに提供してくれることだろう。

クロスメディアの伝達手段《ヴィエクル》としての『寝ても覚めても』

『寝ても覚めても』の Blu-ray Disc に収められた映像特典のなかで、濱口は「この映画は原作の精神に忠実である」――濱口の言葉を借りれば、「原作の精神というか、そういうものを失わずにやれている」――という趣旨の発言をしているが、彼のコメントは、この映画作品について多くを語ってくれると同時に、いくつかの側面を隠蔽してしまう。一方で、彼のコメントが明らかにしてくれるのは、彼の最初の商業映画の成功は、原作となった小説の世界観を忠実に再現できるか否かにかかっているということだ。アダプテーション研究においては、「忠実さ」と「自由さ」は、アダプテーションが成功しているか否かを検証する際の基準を提供するものであったが、濱口の映画は、「忠実さ」と「自由さ」の絶妙なバランスのおかげで、その見事な成功例となっている。しかし、「原作の精神に忠実である」とは、いったい何を意味しているのだろうか？

原作は柴崎の小説『寝ても覚めても』であり、映画版も同名のタイトルを踏襲している。このタイトルは、原作の女性主人公の夢現の精神状態に言及したものとなっている。しかし、濱口が自身の映画の英語版に与えたタイトルは、『アサコ1＆2』（*Asako I & II*）であり、こちらのタイトルは、原作の主題のみならず、映画の主題に直接言及したものとなっている。英語版のタイトルが明らかにしているのは、物語が主人公朝子の二重性――二つの顔を持ち、二つの性格を持ち、二人の不気味なほど外見がよく似た恋人を持つ一人の女性――を軸に展開していくということだ[5]。アサコには、1と2が存在するのである。日本語版のタイトルが女性主人公の夢見がちな精神状態を強調しているとすれば、英語版のタイトルは彼女の分裂した二重のアイデンティティを強調しており、監督の隠された意図をより鮮明にする。実際、濱口のアダプテーションが原作から最も自由で、原作に最も不実となっているのは、この点なのである。

映画は、『SELF AND OTHERS』というタイトル――それは、牛腸茂雄の伝説的な写真集のタイトルでもある――の写真展を朝子が訪れるリズムの良いシークエンスで幕を開ける。あたかも朝子の目の運動を追いかけるかのように、キャメラは、トラッキング・ショットでゆっくりと牛腸の写真を追いかけていくが、不気味なほど外見がよく似た二人の少女を写した写真の前で立ち止まる。朝子の目は二人の少女に釘付けになるが、実は朝子を凝視しているのは彼女たちのほうなのであり、彼女を待ち受ける運命について警告を発しているようにさえ見える（図1、2）。実際、朝子はこの直後に一人目の恋人となる麦と恋に落ちるからだ。

図1　牛腸茂雄による双子のポートレート写真

図2　双子の写真に見つめられる朝子

ここで私が強調したいのは、濱口のアダプテーションにとって牛腸茂雄の写真が担っている大切な役割である。第一に、双子の写真イメージは、朝子の二重のアイデンティティを表象している。この静止したイメージは、英語版のタイトルをこだまとして響かせながら、女性主人公の分裂した精神を美しく捉えている。第二に、『SELF AND OTHERS』という写真展のタイトルは、映画の真の主題と言ってもよい「自己と他者たち」の関係を仄めかしている。究極的には『寝ても覚めても』は、いかに「自己」が「他者たち」——外なる他者と内なる他者の双方——と折り合いをつけて生きていくのかを探求した作品に他ならないからだ。第三に、牛腸の写真集の前景化は、死者たちをさまざまな方法で召喚するものとなっている。牛腸は四歳のときに患った脊椎カリエスが原因で体が弱く、三六歳で亡くなった。彼が生前出版した三冊の写真集の一つが『SELF AND OTHERS』（一九七七年）で、彼が友人や家族や近所の子供たちを撮ったポートレイト写真を寄せ集めたものとなっている。ここに佐藤真のドキュメンタリー映画『SELF AND OTHERS』（二〇〇〇年）を加えてもよいだろう。佐藤の映画は、牛腸の肉声や写真、彼の手紙や草稿を美しくモンタージュすることによって、この若くして亡くなった一人の繊細な芸術家の生を再構成した、メランコリックな作品である。(6) 佐藤は四九歳で自ら命を絶った。したがって、『SELF AND OTHERS』への言及は、同一性《アイデンティティ》と他者性《アルテリティ》の問題に取り憑かれた二人の視覚芸術家を同時に呼び覚ましているとも考えられるのである。ハンディのある男性写真家のイメージは、『寝ても覚めても』において、ALSを患う男性キャラクターに憑依しているようにさえ思われるのだ。

ここで最初のアダプテーションに関する濱口の戦略について考察をまとめていきたい。一方で、濱口はアダプテーションのポイントをきちんと押さえている。アダプテーションがどの程度「原作の精神に忠実」であるべきか、またそれがどこまで「原作から自由」になれるのかを正確に理解している。彼の最初の試みが成功を収めたのは、彼が『寝ても覚めても』という日本語の曖昧なタイトルの背後に、『SELF AND OTHERS』という自身の本当の主題を隠蔽することができたからだ。しかしながら、英語版のタイトルは彼の野心を曝け出す。『アサコ1&2』が、牛腸の写真集と佐藤のドキュメンタリー映画を召喚する『SELF AND OTHERS』をパラフレーズしたものであるのは、明白である。つまり、濱口の映画は、たんなる文学作品のアダプテーションではなく、「クロスメディアの伝達手段《ヴィエクル》」(Cross-Media Vehicle)――複数のメディア横断的な原作《ソース》を内包する伸縮自在な容れ物――となっているのだ。

他方で、濱口がこの作品において、イタリア式本読みをプロの俳優たちと実践することによって、新たな地平を切り開こうとしている点を忘れてはならないだろう。メタシネマ的なやり方で、朝子のかつての恋人にそっくりな亮平の同僚である串橋は、チェーホフの戯曲『三人姉妹』のマーシャを朝子の友人マヤが熱演している録画映像を観た後、彼女の演技を中途半端だと批判するとともに、自らその直後のトゥーゼンバフの台詞を濱口風に朗読してみせ、チェーホフを自分に引きつけて演じてはいけない、とダメ出しをしている(図3、4)。串橋が日本酒メーカーの有能なセールスマンであり、英語で商品をプレゼンし

図3　『三人姉妹』のマーシャを熱演しているマヤ

図4　串橋は突然『三人姉妹』のトゥーゼンバフを演じ始める

ているのは、偶然ではない。彼こそが『ドライブ・マイ・カー』の主人公家福のプロトタイプなのだ。

これから議論していくように、濱口によるイタリア式本読みの実験は、彼が次作において村上のテキストを自身のスクリプトへ移動させるときに、真にラディカルな成果を生み出す。たしかに濱口は柴崎の小説を自身のスクリプトに組み入れている。原作の大阪弁は、見事に映画のなかで再現されている。しかしながら、原作のテキストは、朝子と亮平の間の最後のダイアローグの場面においてさえ、それほど忠実にスクリーンに移し替えられているわけではないのである。(7)

翻訳としての『ドライブ・マイ・カー』

クロスメディアの伝達手段《ヴィエクル》としての『寝ても覚めても』は、柴崎の小説や牛腸の写真やチェーホフの演劇など複数の異種混在的な題材《ソース》を、自身の形式および内容の本質的な部分として積極的に受け入れている点で、アンドレ・バザンが「不純な映画」と呼ぶものを体現した作品となっている。(8) この作品をアダプテーションの一例として論じることを困難にしているのは、この不純さに他ならない。濱口の二番目のアダプテーションとなった『ドライブ・マイ・カー』も、クロスメディアの伝達手段であり、「不純な映画」を擁護する作品となっている。

第一に、『ドライブ・マイ・カー』は、文学作品のアダプテーションであるにとどまらず、演劇作品のアダプテーションともなっている。村上の短編小説「ドライブ・マイ・カー」のみならず、チェーホフの戯曲「ワーニャ伯父さん」に基づいているからだ。ロバート・チェンが述べているように、後者は前者を実質的に凌駕しているのだ。家福が最後のステージでワーニャ役を演じるとき、村上の物語は、チェーホフの物語に乗っとられたようにさえ思われる。チェーホフの戯曲は、原作の短編小説では重要な場面に登場するだけだが、映画では拡大され、拡張された形で登場し、映画全体の重要なモチーフを構成している。チェーホフの演劇作品の前景化のせいで、映画のタイトルが依然として『ドライブ・マイ・カー』のままであるという事実は、私たちに違和感を感じさせるものとなっている。しかし、英語版のタイトルが監督の隠された意図を露出してしまう『寝ても覚めても』とは異なり、『ドライブ・マイ・カー』は、原作の短編小説に忠実なフリをし続ける。

第二に、『ドライブ・マイ・カー』は、村上の同名の短編小説のみならず、「シェエラザード」と「木野」という村上の別の二つの短編小説に基づいている。これら三つの短編小説は、『女のいない男たち』という短編集に収録されている。濱口は、音や高槻といった鍵となる登場人物たちを肉付けしていくためには、「ドライブ・マイ・カー」以外にも、もっと題材が必要だったと説明しているが[9]、たとえ同じ作家の記したものであっても、複数の原作を自作に取り入れることは、それ自体「不純な映画」を擁護する身振りである、と言えよう。

濱口の戦略に内在する異種混在性《ハイブリディティ》と複数性《マルティプリシティ》は、彼の作品をアダプテーションの観点から論じることを事実上無意味なものにしている。別の言い方をすれば、異種混交性を強く志向する彼の「不純な」映画的スタイルは、私たちの関心をアダプテーション研究のアジェンダから引き離し、さまざまな種類のテキストそれ自体へ惹きつけていくのである。そして、まさにこのコンテキストにおいて、「翻訳」という一見場違いな概念が理論的重要性を帯びてくるのである。

ここで、私は宣言したい。『ドライブ・マイ・カー』は「翻訳」をめぐる映画なのだ、と。(10) 映画の中心にいるのは、男性主人公の家福であるが、彼は俳優兼演出家であるにとどまらず、通訳兼翻訳者でもあるのだ。『寝ても覚めても』の串橋が、プロとしてステージに立つことを諦め、海外からの客を相手に英語で日本の商品を売り込む若手セールスマンに転向した元アマチュア役者だとすれば、家福は世界中の演劇祭で多言語劇をプロデュースする一人前のプロの演出家である。彼が支配的な通訳兼翻訳者として登場することは、この映画にとって大きな意味を持っている。

私たちは、家福の演出の二つの実例を与えられる。最初の例は、サミュエル・ベケットの戯曲「ゴドーを待ちながら」の二言語上演であり、もう一つの例は、チェーホフの戯曲「ワーニャ伯父さん」の多言語上演だ。これらの上演に際して、家福は俳優たちに自身の第一言語で台詞を読むよう要請している。かくしてステージは、そして稽古場は、多言語状況の絶好の機会を提供するが、言語の壁は依然として高いままである。「ワーニャ伯父さん」の多言語上演に参加するためにアジア各国から集められたキャストやスタッフたち――日本人や韓国人、台湾人やフィリピン人――は、彼女たちの共通言語である英語、もしくは日本語でコミュニケーションを行わざるを得ないが、彼女たちはしばしば自身の母語のなかで孤立している。

多言語劇の建築家である家福は、コミュニケーション不足の俳優たちのために、英語と日本語の双方で通訳のサービスを提供する。通訳の観点から言えば、たしかに家福は中心的な役割を果たしているが、最も多くの言語に精通しているのは、演劇祭スタッフのコン・ユンスである。彼は二つの共通言語である英語と日本語に加えて、韓国語と韓国手話を話すことができるからだ。しかしながら、翻訳の観点から見れば、家福は多言語上演の黒幕《マスターマインド》である。ほんの一瞬であるが、私たちは彼が二か国語辞書を使用して、多言語劇のスクリプトに取りかかっている様子を垣間見る（図5）。おそらく家福は、言語ごとにスクリプトの台詞が正しく並べられ、正しく翻訳されているかを綿密にチェックしているのだろう。この意味で、彼はすべての言語をカヴァーする超越的な翻訳者なのであり、単一言語しか話さない多くのオーディエンスのための字幕としても機能するような多言語スクリプトを用意しているのである。

図5　多言語スクリプトを作成中の家福

私たちの注意を物語からテキストそれ自体に移すならば、濱口の二番目のアダプテーションを分析するうえで「翻訳」というコンセプトがいかに有効か、すぐに理解できるだろう。これまで述べてきたように、『ドライブ・マイ・カー』という「不純な」映画作品は、先行テキストからの引用で満ち溢れている。「ゴドーを待ちながら」、「ワーニャ伯父さん」、「ドライブ・マイ・カー」は、その主要な例である。最初の二つの作品は戯曲であり、最後の作品は短編小説であるが、映画のなかでは、それらはすべてテキストとして、つまり登場人物兼俳優たちが実際に読み上げる台詞として登場する。

原作の言葉の再臨をドラマの中心に据えた映画作品のエンドロールで、濱口は彼の登場人物兼俳優たちが読み上げる「台詞＝テキスト」の出典《ソース》を明らかにしている（この点は日本語を解さない観客の死角となっている）。『ゴドーを待ちながら』には、白水Uブックスの安堂信也・高橋康也訳が、「ワーニャ伯父さん」には、光文社古典新訳文庫の浦雅春訳が、そして「ドライブ・マイ・カー」には——ある意味では、最も自然なのだが——村上の日本語版が使用されている。つまり、映画の言葉は、これらの具体的な先行テキストのテキストによって紡ぎ上げられているということだ。

このような「台詞＝テキスト」の移動に関して驚嘆すべきは、その正確さである。つまり、イタリア式本読みを通じて調教された俳優の身体——「テキスト的人間」という濱口の恐るべき言葉を思い起こそう——を媒介として、原作のテキストが、映画のテキストへ文字通り移し替えられているのである。ベケットやチェーホフの戯曲の場合には、原作のテキストに忠実であることは、それほど奇妙には感じられないかもしれない。究極的には、それこそがスクリプトの役割なのだから。だが、D・A・ミラーが美しく論じたように、この映画のなかでは、「ワーニャ伯父さん」のテキストは、たんにチェーホフの戯曲の一部であるにとどまらず、濱口の映画作品の本質的な部分を構成しているのだ。つまり、演劇のテキストは、文字通り移動させられ、映画のテキストを構築するのである。

同様に、村上の文学テキストは、忠実に移動させられ、濱口映画の本質的な部分を形作る。家福と高槻が自身の音との関係を素直に告白し合う、あの車内の印象的なシークエンスを思い出してほしい。この場面は、村上の三つの短編小説——「ドライブ・マイ・カー」、「シェエラザード」、「木野」——が複雑に絡み合う、非常に重要なシークエンスである。後者の二つは、主に物語のために召喚される。音という登場人物を肉付けするために、「シェエラザード」の女性キャラクターが、高槻という登場人物を肉付けするために、「木野」の男性キャラクターが、それぞれ参照されているが、テキストの観点から言えば、これら二つの短編小説の台詞は、忠実に映画に移動させられているわけではない。しかし驚愕すべきことに、

「ドライブ・マイ・カー」のテキストは、文字通り、ほとんど完璧にスクリーンに移動させられているのだ。

翻訳よりも忠実な翻訳

高槻のモノローグの三つのヴァージョンをこれから比較していきたい。まずはこの小説の英訳版から見ていこう。

"From what I can gather," Takatsuki said after a long silence, "your wife was a wonderful woman. I am convinced of that even as I realize my knowledge of her is no more than a hundredth of yours. If nothing else, you should feel grateful for having been able to spend twenty years of your life with such a person. But the proposition that we can look into another person's heart with perfect clarity strikes me as a fool's game. I don't care how well we think we should understand them, or how much we love them. All it can do is cause us pain. Examining your own heart, however, is another matter. I think it's possible to see what's in there if you work hard enough at it. So in the end maybe that's the challenge: to look inside your own heart as perceptively and seriously as you can, and to make peace with what you find there. If we hope to *truly* see another person, we have to start by looking within ourselves."[11]

そして、次に原作の日本語版に登場する高槻の台詞を引用する。

「僕の知る限り、家福さんの奥さんは本当に素敵な女性でした。もちろん僕が知っていることなんて、家福さんが彼女について知っていることの百分の一にも及ばないと思いますが、それでも僕は確信をもってそう思います。そんな素敵な人と二十年も一緒に暮らせたことを、家福さんは何はともあれ感謝しなくちゃいけない。僕は心からそう考えます。でもどれだけ理解し合っているはずの相手であれ、どれだけ愛している相手であれ、他人の心をそっくり覗き込むなんて、それはできない相談です。そんなことを求めても、自分がつらくなるだけです。しかしそれが自分自身の心であれば、努力さえすれば、努力しただけしっかり覗き込むことはできるはずです。ですから、結局のところ僕らがやらなくちゃならないのは、自分の心と上手に折り合いをつけていくことじゃないでしょうか。本当に他人を見たいと望むのなら、自分自身を深くまっすぐ見つめるしかないんです。僕はそう思います[12]」（傍線追加）

最後に映画版を。

「僕の知る限り、音（家福さんの奥）さんは本当に素敵な女性でした。もちろん僕が知っていることなんて、家福さんが（彼女について）知っていることの百分の一にも満たない（及ばない）と思います（が、）。それでも僕は確信をもってそう思います。そんな素敵な人と二十年も一緒に暮らせたことを、家福さんは（何はともあれ）感謝しなくちゃいけない。僕はそう思います（心からそう考えます）。でもどれだけ理解し合っているはずの相手でも（あれ）、どれだけ愛している相手でも（あれ）、他人の心をそっくり覗き込むなんて、無理（それはできない相談）です。（そんなことを求めても、）自分がつらくなるだけです。でも（しかし）それが自分自身の心なら（であれば）、努力次第で（努力さえすれば、努力しただけ）しっかりと（しっかり）覗き込むことはできるはずです。（ですから）結局のところ僕らがやらなくちゃならないこと（の）は、自分の心と上手に折り合いをつけていくことじゃないでしょうか。本当に他人を見たいと思う（望むの）なら、自分自身を深くまっすぐ見つめるしかないんです。僕はそう思います」（括弧内は原作の表現、傍線追加）

これら三つのヴァージョンを広義の「翻訳」の観点から比較していきたい。『翻訳不可能な単語辞典――哲学用語集』において、バルバラ・カッサンたちは、「翻訳する」という言葉を取り上げ、その言葉には元来もっと一般的な意味合いが含まれていることに、私たちの注意を惹きつける。

「一つの言語から別の言語に移動する」という一般的な意味で使用される「翻訳する」という言葉は、ラテン語の動詞 traducere が比較的最近になってフランス語に翻訳されたものに由来しているが、このラテン語の動詞は、文字通り「向こう側に導く」(lead across) を意味するものであり、翻訳それ自体よりももっと一般的な意味で、もっと曖昧に使用される言葉であった。私たちが「翻訳する」という動詞へと翻訳する動詞の数々に付随する、こうした原初の漠然とした曖昧さを、私たちは記憶しておいたほうが良いだろう。それらの動詞は、つねに何か補足的なものや、言語間の移動以外の何かを指示しているのである。(13)

こうして私たちは「向こう側に導く」という空間的な移動、もしくはコンテキストの移動を含意する広義の「翻訳」概念を取り戻すことができるのである。たんに「翻訳する」と記述すれば良いところを、私がこれまで「移動させる」と一貫して記してきたのは、このような曖昧であるがゆえに豊かな「翻訳」という言葉の原初のこだまを響き渡らせるためだったのだ。そして、この広義の「翻訳」概念は、高槻の三つのモノローグを比較する理論的な根拠をも提供してくれることだろう。英語版と日本語版を比較して論じるためには、狭義の「翻訳」の観点、つまり言語間の移動という観点で充分であるが、英語版もしくは日本語版と、映画版を比較して論じるためには、もっと一般的な、広義の「翻訳」の観点からの考察が不可欠となってくるからだ。

村上の日本語版と濱口の映画版を比較することは、原作の言葉の再臨をドラマの中心に据えた濱口の映画的実験を、「翻訳」行為として――テキストを一つのコンテキストからもう一つのコンテキストへ文字通り移動させる営みとして――捉えることを意味する。実際、両者を並べてみれば、私たちは視覚的にも、村上のテキストが濱口のテキストへほとんど完璧に移動させられているのを確認することができるだろう。たしかに日本語版と映画版の間には、いくつかの小さな相違点が存在する。それらは、主に文の構成要素の単位での言い換えと省略に関わるものである。しかし大切なのは、濱口と家福によって完璧な「テキスト的人間」に調教された高槻（と岡田将生）の鬼気迫るモノローグのなかでは、それらの微細な差異はまるで問題にならない、ということだ。むしろ、台詞としては、映画版のほうが光り輝いているとさえ言えるだろう。つまり、濱口と岡田、家福と高槻によるテキストの「移動＝移し替え《トランスファーランス》」作業は、自動車の運転のように滑らかに行われているのだ。

村上のテキストの日本語版から映画版への移動は、ベンヤミンの翻訳論の一節を想起させる――「真の翻訳は向こう側を透かして見せることのできるものであり、原作を覆い隠したり、原作に当たる光をさえぎることもなく、翻訳に固有の媒質《メーディウム》によって強められることで、純粋言語をより一層完全なかたちで原作の上に注ぐのだ」。そしてベンヤミンによれば、真の翻訳の鍵となるのは、「シンタックスを置き換えるときの逐語性」なのであり、「この逐語性こそが、翻訳者にとってもっとも根本的な構成要素となるのは文ではなく、語であるということを証明する」のである。[14] つまり、翻訳においてもっとも大切なのは、テキストを一つのコンテキストからもう一つのコンテキストへ文字通り移動させることなのだ、とベンヤミンは喝破しているのだ。

　翻訳の逐語性をめぐるベンヤミンのアイデアは、濱口の翻訳のみならず、テッド・グーセンの英訳にも当てはまる。しかしながら、これらの二つのタイプの「翻訳」を比較してみると、グーセンの翻訳の試みは、濱口のそれに遥かに及ばないことが判明する。なぜならば、英訳には、深刻な文の省略が二か所も存在しているからだ。おそらくグーセンは、英語としては、余分または冗長だと判断して、二つの文章を原文から思い切って削除したのだろう。「僕は心からそう考えます」という台詞と、「僕はそう思います」という台詞である。あえて英訳するならば、“I really think so from the bottom of my heart” と “I think so” となるだろう。しかし、これらの削除された台詞は、村上にとって、そして濱口にとって、不可欠な文章だった。なぜならば、それらの一見冗長な文章は、高槻が自身の胸の内を偽りなく表現した「テキスト＝台詞」であり、彼の内なる衝動を雄弁に物語る反復だからである。

　濱口の翻訳の成功の秘訣は、イタリア式本読みによって俳優を「テキスト的人間」に鍛え上げ、彼女たちの身体を原作の言葉が再臨する「媒質＝媒体《ミーディアム》」として差し出すことによって、原作のテキストをスクリーンに文字通り移動させた点にあるのだ。

注

(1)文学と映画の緊密な関係を考察する際に、「翻訳」という概念が不可欠であると喝破したのは、『夢の共有――文学と翻訳と映画のはざまで』(岩波書店、二〇一六年)の野崎歓である(第六章「文学から映画へ、映画から文学へ」を参照)。本稿は、野崎が大胆に提示した重要な人文学的知見を、個別的な映画作品の分析に接合する試みである。

(2)アーロン・ジェローは、村上文学の映画化において重要な論点になるのは、「忠実性」ではなく、「想像性」であると述べ、既存のアダプテーション研究のアジェンダに疑問を突きつけている。アーロン・ジェロー「村上春樹における映画と文学の交流」早稲田大学坪内博士記念演劇博物館監修『村上春樹　映画の旅』(フィルムアート社、二〇二二年)、八六―九〇頁。

(3)濱口竜介「『ハッピーアワー』の方法」濱口竜介・野原位・高橋知由『カメラの前で演じること――映画「ハッピーアワー」テキスト集成』左右社、二〇一五年、五八頁。同エッセイのなかで濱口は「本読み」が具体的にどのようなプロセスであるかについて詳らかにしている。濱口がどのようにルノワールの「イタリア式本読み」と出会い、それを自身の映画制作に取り入れていったかに関しては、濱口竜介と野崎歓の対談「異界へと誘う、声と沈黙」『文學界』二〇二一年九月号、一〇一―一〇三頁を参照。濱口の「本読み」の理論的な考察に関しては、角井誠「演者のからだに固有のニュアンス」を聞く――濱口竜介と「本読み」の方法」『ユリイカ　詩と批評』二〇一八年九月号、二三四―二四三頁を参照。

(4)濱口「『ハッピーアワー』の方法」六四頁。

(5)英語版タイトルの由来や、それが映画史的に含意するものに関しては、濱口竜介と蓮實重彥の対談「『さいわいなことに、濱口さんも役者が好きなんです』――『寝ても覚めても』をめぐる三つの問題点」『ユリイカ　詩と批評』二〇一八年九月号、三六―三八頁を参照。また『寝ても覚めても』における朝子の「二重性」は、D・A・ミラーが指摘する『ドライブ・マイ・カー』における家福(と高槻)の「二重性」を強く喚起させる。濱口映画における「ダブル」や「ドッペルゲンガー」の問題系については、稿を改めて論じたい。

(6)牛腸茂雄の作品世界に関しては、『SELF AND OTHERS』の復刻版に添えられた飯沢耕太郎による解説「牛腸茂雄ノート」牛腸茂雄著、飯沢耕太郎・津田基監修『SELF AND OTHERS』(一九七七年、未來社、一九九四年)、七四―一一〇頁を参照。蓮實重彦との対談で濱口は、佐藤の『SELF AND OTHERS』を見て、衝撃を受けた、「とくに牛腸茂雄の、写真というよりも声に非常に衝撃を受けた」と告白している。濱口・蓮實「『さいわいなことに、濱口さんも役者が好きなんです』」四三頁参照。濱口の牛腸との出会いは、佐藤を媒介としているのである。

(7)柴崎の小説では、朝子と亮平の再会の場面がクライマックスになっており（柴崎友香『寝ても覚めても』河出文庫、二〇一四年、三〇九―三一二頁）、映画においても原作の二人の台詞は、積極的に取り入れられている。しかし、テキストとして両者を比較してみると、映画では削除されている台詞が目立つ。そして、これが大事な点だが、映画で一際輝いている台詞は、原作には存在していない。つまり、濱口の映画は、原作のテキストをそれほど重要視していない、ということだ。

(8)アンドレ・バザン「不純な映画のために――脚色の擁護」アンドレ・バザン著、野崎歓・大原宣久・谷本道昭訳『映画とは何か（上）』岩波文庫、二〇一五年、一三六―一七六頁を参照。

(9)劇場版パンフレット「ドライブ・マイ・カー」（ビターズエンド、二〇二一年）の「監督インタヴュー」、もしくは濱口竜介と野崎歓の対談「異界へと誘う、声と沈黙」九五―九六頁を参照。

(10)この主張に関しては、佐藤元状「電影的温故知新　第十六回『ドライブ・マイ・カー』、あるいは翻訳について」『三田文學』二〇二二年夏季号、二五八―二五九頁を参照。

(11)Murakami, Haruki. “Drive My Car.” Trans. Ted Goossen. *Men Without Women*. Trans. Philip Gabriel and Ted Goossen. New York: Vintage International, 2018, 34.

(12)村上春樹『女のいない男たち』文春文庫、二〇一六年、六〇―六一頁。

(13)Cassin, Barbara, ed. *Dictionary of Untranslatables: A Philosophical Lexicon*. Trans. Steven Rendall, Christian Hubert, Jeffrey Mehlman, Nathanael Stein, and Michael Syrotinski. Princeton: Princeton UP, 2014, 1139.

(14)ヴァルター・ベンヤミン「翻訳者の課題」山口裕之編訳『ベンヤミン・アンソロジー』河出文庫、二〇一一年、一〇四頁。

＊本稿の図版は以下を除き『寝ても覚めても』濱口竜介監督、二〇一八年（DVD、バップ、二〇一九年）より引用。
【図5】『ドライブ・マイ・カー』濱口竜介監督、二〇二一年（DVD、TCエンタテインメント、二〇二二年）。

見つめることと触れること
――『ドライブ・マイ・カー』における抱擁

冨塚亮平

はじめに

夜明け前のベッドの上で、逆光で捉えられた裸の女が男に語りかけている。どうやら、彼女が語っているのはある少女の物語であるらしい。この実に印象的な場面で幕を開ける『ドライブ・マイ・カー』（以下『DMC』）で濱口竜介は、身体に関わる二つの新たな要素、ベッドシーンと手話を新たに作中に取り入れている。本稿では、これら二つのモチーフが、濱口がこれまで追求してきた「見ること」と「触れること」をめぐる主題をいかに変奏しているのかを、主に両者と密接に関わるいくつかの抱擁場面に焦点を当てて、過去作にも言及しながら跡付ける。そのことで、『親密さ』（二〇一三年）の形を変えた再演とも捉えられる『DMC』固有の意義について考えてみたい。

一・接触と断絶 『ドライブ・マイ・カー』第一部における抱擁

図1 『何食わぬ顔』のボックス席

図2 『THE DEPTHS』のボックス席

これまで多くの作品で濱口は、相手の目を正面から見据えること、そして相手に触れることの困難を、人物間の関係性が必ず孕むこととなる距離や境界線の問題と関連づけて取り上げてきた[1]。例えば、はじめて劇中劇構造を採用した最初期の長篇『何食わぬ顔』(二〇〇三年)、そして『DMC』に先行する韓国とのコラボレーションから生まれた長篇『THE DEPTHS』(二〇一〇年)には、それぞれ電車のボックス席で斜向かいに座る二人を捉えた印象深い場面がある[2]。まず『何食わぬ顔』では、先輩の男と彼が思いを寄せる後輩の女が、直接視線や言葉を交わす代わりに、サンドイッチや辞書といった媒体を介在させることで、二人を隔てる境界を越境しようとする。同様に『THE DEPTHS』では、主人公が密かに思いを寄せる男と正面から見つめ合い、語り合う代わりに、互いをデジタルカメラで撮影しあう(図1、2)。

こうした、斜向かいの位置関係をなんらかの媒体、特にカメラを用いて媒介するという演出は、東日本大震災をめぐるドキュメンタリー『なみのおと』(二〇一一年)、『DMC』と同様に演劇の上演をめぐる映画である『親密さ』以降、さらに複雑で豊かな意義を持つものへと深められた。これらの作品では、斜向かいに位置する二人それぞれの正面にカメラを置き、絶対的に隔てられた二人それぞれが画面中央に正面を向いて映るショットを再び編集によって連鎖させた対話場面が、観る者に強い印象を残す。自身でZ形式と呼ぶこの特殊な撮影法を通じて濱口は、地震と津波が襲った東北地方で言い伝えられた言葉「津波てんでんこ」が示す知恵、すなわち、極限状況において、人は誰しも他者から隔てられた孤独な存在でしかない、という苦い認識を映像に見事に定着させた。

例えば、ピーター・ブラッドショーが濱口映画に通底する語りの美学を「人生の群島」An archipelago of lives と表現したように、『DMC』においても断絶や孤独が非常に重要な要素となっていることは間違いない。(3) とりわけ、舞台俳優で演出家の家福と妻で脚本家の音が過ごす日々を描いた、東京を舞台とする本作第一部でそうした断絶を強調するのが、これまで濱口がほぼ作中で扱ってこなかったベッドシーンだ。

男と女が裸で正面から抱き合い、肉体を交わらせている。しかし、二人の視線はそれぞれ相手の背後へと向き、互いに顔や目を正面から見つめることはない。映画の序盤には、「目合う」という日本語が性行為を意味することに鑑みても異様というほかない抱擁場面が反復的に現れる。例えば、家福が偶然目撃する音の浮気場面では、高槻のようにも見える男と抱き合いながらも正面を向く音の顔が、鏡越しに家福の視界に入る(4)(図3、4)。

彼が一方的に彼女の顔を覗き見ることしかできないように、音がセックス後に時折家福に語る物語においても、女子生徒は思いを寄せる男子の家に空き巣に入ることしかできない。また、娘の法事を終え帰宅した家福と音が求め合うシーンでは、二人のすれ違いを示すかのように、ソファーに座り抱き合う二人の能面のような表情が、それぞれ正反対のアングルで正面から不気味に捉えられる(5)(図5)。後者のシーン

図3　音の浮気場面１

図4　音の浮気場面２

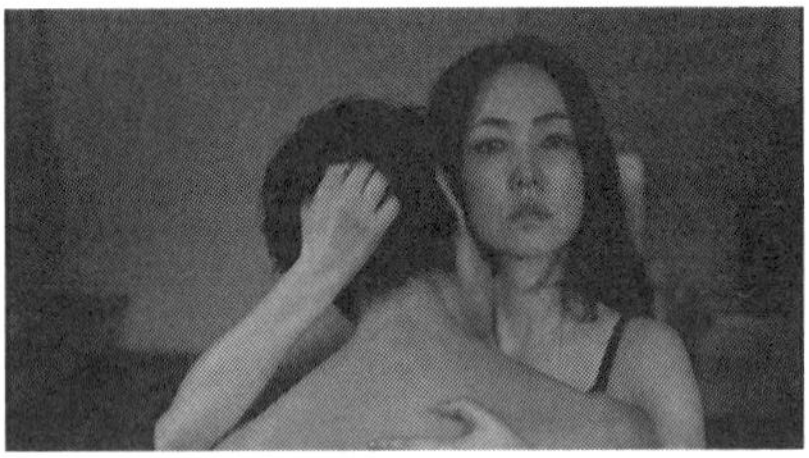

図5　視線の交わらない抱擁

の直後に音は、やつめうなぎの物語を語る。木下千花も強調する通り、これらのベッドシーンにおける音は、「一見すると男根に似ていながら、その実、ヴァギナ・デンタタ（歯の生えた女性器）である」、男を「包み込んで捕食する」やつめうなぎを思わせる姿で、不気味に身を起こしている。(6)

従来の濱口映画では、一方的に覗き見ることはできるが、触れることはできないという形で、対象との断絶が演出されてきた。その問題意識を引き継ぎつつも本作は、同時にこれら二つの抱擁場面を通じて、裸で身体に触れ合うことはできても正面から見つめ合うことはできないという新たな形で、人物間の断絶を表現していると言える。ソファで音が男と抱き合う二つのラブシーンにおける抱擁は、いずれも触れることによる越境よりもむしろ断絶を強く意識させる、Z形式の発展形として捉えるべき、役者の位置と向きをめぐる新たな演出であるように思えるのだ。

映画第一部の家福と音は、長年連れ添った夫婦であっても、そして互いに肌を触れ合わせても、いずれも相手の目を真正面から見つめることができなかった。どうすればそれが可能となるのかという問いは、第二部へと引き継がれることとなる。

二・見つめることから触れることへ　『ドライブ・マイ・カー』第二部における抱擁Ｉ

音の死から約二年後、演劇祭事務局から「ワーニャ伯父さん」の演出を依頼された家福は愛車のサーブに乗って広島へと向かう。本作第二部は、七か国のキャストがそれぞれの母国語を用いて演技を行う、彼らの「群島的な」性質をより際立たせる多言語劇の稽古の模様と、家福が専属ドライバーのみさきとともに車で滞在地と劇場を往復する場面が中心となって進んでいく。

娘と妻を失った家福、母を失ったみさき、そして子を流産したユナ。映画後半には、それぞれに異なる形の喪失を抱えた登場人物たちが正面から見つめ合い、触れ合う、前半の抱擁とは明確な対照をなす三つの抱擁場面が現れる。これらのアクションは、彼らにどういった変化をもたらすのか。それについて考えるうえでまず重要なのが、濱口がすでに『ハッピーアワー』（二〇一五年）のワークショップで出演者に読ませていたという、村上春樹の原作小説における以下の箇所だろう。

しかしそれが自分自身の心であれば、努力さえすれば、努力しただけしっかり覗き込むことはできるはずです。ですから結局のところ僕らがやらなくちゃならないのは、自分の心と上手に正直に折り合いをつけていくことじゃないでしょうか。本当に他人を見たいと望むのなら、自分自身を深くまっすぐ見つめるしかないんです。僕はそう思います。(7)

原作では、映画と異なりバーのカウンターを舞台とするこの場面で、高槻の長い独白を聞いた家福の印象は次のように表現される。

高槻という人間の中にあるどこか深い特別な場所から、それらの言葉は浮かび出てきたようだった。ほんの僅かなあいだかもしれないが、その隠された扉が開いたのだ。彼の言葉は曇りのない、心からのものとして響いた。少なくともそれが演技でないことは明らかだった。(8)

家福にとって、高槻の言葉は「曇りのない、心からのものとして響いた」。だからこそ家福は、次の引用にある通り、高槻の言葉への反応として彼の目を正面からまっすぐ見つめ、ついに二人の視線は真正面から交わる。

家福は何も言わず、相手の目を覗き込んだ。高槻も今度は目を逸らさなかった。二人は長いあいだ相手の目をまっすぐ見つめていた。そしてお互いの瞳の中に、遠く離れた恒星のような輝きを認めあった。

別れ際にまた二人は握手をした。(9)

映画では、最初に引用した高槻の長台詞は、舞台をサーブ900の後部座席へと移す形でほぼそのまま語られる。そして、対話する二人の視線の交錯をめぐる記述もまた、隣の座席から相手を画面真正面に捉える二人の視点ショットを通じて、ほぼ正確に再現される。別れの前に二人が握手により身体を接触させることこそないものの、この対話と視線の一致は、二人に大きな変化をもたらすこととなる。一方で、自らの暴力性と「正直に折り合いをつけた」高槻は、翌日に罪を認め物語から退場する。他方で家福もまた、これまで避け続けてきた、ワーニャとどこか重なる自らの苦悩と、さらにはみさきと、徐々に向き合っていく。

ところで、蓮實重彥による小津安二郎論を参照項としつつ佐々木敦も述べるように、前作『寝ても覚めても』(二〇一八年)ではすでに、いかにも小津的な「視線の等方向性」の主題には従わない形で、朝子が二人の男とそれぞれ「正面から見つめあうこと」が「唐突な劇的転換を促す」きっかけとなっていた。[10]しかし、抱擁と二人の人物が前触れなく恋に落ちる瞬間が時間的に一致する『寝ても覚めても』においては、視線の一致は二人が互いに自らの内奥を凝視した結果訪れるのではなく、むしろ偶然起きることこそが重要だった。それに対して、恋愛関係には帰着しない本作第二部にあらわれる三つの抱擁場面はいずれも、段階を踏んだ必然的な過程であるように思える。高槻の発言にもあるように、それらの場面では、まず自分を見つめることが、次に相手の目をまっすぐ見据えることを導き、そして互いを正面から見つめ合うことが抱擁を準備し、それが各人物に決定的な変化をもたらすのだ。では、順番にそれぞれの場面を見てみよう。

まず確認したいのが、家福とみさきの関係が変化する一つのきっかけとなる、野外でのリハーサル場面だ。このシークエンスは、韓国手話を用いるユナが演じるソーニャと中国語を用いるジャニスが演じるエレーナが、互いに(泣いている設定で)正面から見つめあう様子を同一フレームで横から捉えた画面からはじまる。本読みの反復により、これまでチェーホフのテキストを通して自己と向き合ってきたとも捉えられる二人のここでの視線の一致が、まずエレーナに重要な変化をもたらす。「自分自身を深く見つめた」

図6　ソーニャとエレーナの抱擁１（正面）

彼女は、二人のすれ違いの原因でもあった、ソーニャの父と結婚した理由をはじめて率直に語る。そして、ソーニャをまっすぐに見据えながら、彼女がこれまでエレーナに向けてきた「非難がましい」視線を正面から批判し、そんなふうに人を見るのではなく、「誰でも信じることよ、そうでなくっちゃ、生きていけません」と語る。彼との愛は作り物だったが、あのころの自分には本物に思えたというこのエレーナの「心からの」言葉が、今度はソーニャを揺り動かす。エレーナを「信じる」目線を表情で表現するパク・ユリムが素晴らしいこの場面でソーニャは、力強い手話でエレーナに「あなたは幸せ？」と正面から問いかける。「いいえ」とこれまた正直に答えたエレーナが一度背後に振り返り視線を外すと、ソーニャはこれまで見せてこなかったような晴れがましい笑顔を浮かべる。背後で起きたこの変化を感知したかのようにエレーナは再び振り向き正面からソーニャを見つめ、彼女に歩み寄る。そして二人は、前半の家福と音のように、視線を交わすことなく抱き合う（図6）。

だが、すれ違う視線と異なる言語が、ソーニャとエレーナがそれぞれに抱える苦しみがまったくの別物であるという、チェーホフの戯曲に書き込まれた事実をさらに強調するのではないかという予想は、見事に裏切られる。一旦は身をもぎ離した二人は、再び手を取り、見つめ合いながら語り合う。自らの不幸について語るエレーナの言葉は、それが「心からのもの」として響いたからこそ、ソーニャを幸福にする。最後にピアノを弾こうとするエレーナを今度は背後から抱きしめたソーニャが、エレーナの身体を使って手話を発することで、彼女の「心からの」言葉が、まさに相手にまっすぐに向けられたものであることが、身体的かつ視覚的に表現される（図7）。

この場面で彼女たちが行う二回の抱擁は、いずれもすでにチェーホフの戯曲にト書きとして書き込まれていたものである。しかし、戯曲には抱擁に先行する視線の一致については言及がなく、また、一度目の抱擁のタイミングは、ここで演じられる場面よりもやや前に設定されている。濱口らは、見つめ合う二人の視線を、抱擁を導く契機として明確化することで、村上のテキストとチェーホフのテキストを「正面から」向き合わせ、村上すらもおそらくは想像していなかった方法で、両者を結びつけてみせたのだ。

図7　ソーニャとエレーナの抱擁２（背後）

次に、二つ目の家福とみさきによる抱擁場面を見てみよう。野外でのリハーサルを目撃することでまず変化するのは高槻である。二人の演技を目撃したことで「自分自身を深くまっすぐ見つめる」きっかけを得た高槻は、家福のサーブに乗り込むと、その夜には先述した長い対話場面へと至る。一方で、自らとソーニャをどこかで重ね合わせていたみさきもまた、最初は乗り気ではなかったものの、このリハーサルを目撃したことで、少しずつ変わっていく。高槻が車に乗り込む前、ぶっきらぼうながら家福に感謝の言葉を述べていたみさきの姿は、すでに変化の兆しを示すものではなかったか。長い対話を経て高槻を車から降ろしたことを契機として、家福ははじめて後部座席から助手席へと移る[11]。そして、この移動を経て家福とみさきがはじめて横並びとなることで、二人は北海道へ向かう道中で、ついに自らの心を深くまっすぐ見つめ、過去のトラウマと正面から向き合うこととなる。

長い旅路の末、雪の積もる生家の跡地にたどり着いたみさきは、花束と線香がわりのタバコを母に手向け、彼女を弔う。この行為を経ることで彼女は、母の別人格であるサチとの友情を振り返る勇気を得る。そして彼女は、母が本当に精神の病だったのか、それともみさきをつなぎとめるために演技をしていたのかはわからないが、仮に演じていたのだとしても、それは「心の底からの」ものだったという認識へと至る。「サチになることは、母にとって地獄みたいな現実を生き抜く術だったんだと思います」。独白を終え、斜面を登るみさきに手を差し伸べた家福が彼女を引き上げたところで、カメラは逆側へと回る。「自分の内側をまっすぐに見つめる」彼女にとっての喪の作業に区切りがついたこのとき、はじめて二人は同じフレームの中で正面から見つめ合う。

この視線の一致が、今度は家福を変貌させる。自分が母に対してそうしたように、「音さんの、そのすべてを本当として捉えることは難しいですか?」というみさきの質問に答える形で、一度彼女から右方向に目を逸らした家福は、亡き音に向けた自らの想いを語り出す。しかし、長年にわたって自分からも音からも逃げてきた彼には、この変化ではまだ十分ではない[12]。目を逸らしたまま「もう遅い。取り返しがつかないんだ」と語り続ける家福を、みさきが抱きしめる。そのことで、残された者たちは死者を思い出しながら生きていかなければという思いを新たにした家福は、改めてみさきを正面から見つめると、もう一度「ワーニャ伯父さん」を想起させる形で「生きていかなくちゃ」と述べると、今度は自ら彼女を抱きしめ、「大丈夫、僕たちはきっと、大丈夫だ」と力強く語る[13]。みさきの助けを得てようやく決心を固めた家福は、自らワーニャ役を演じることとなるだろう。

このように、ここまで述べてきた二つのシーンでは、まず比喩的な意味で自分を見つめることが、相手の目を文字通り正面から見つめることを、さらにその視線の一致が抱擁を導き、二人が触れ合うことが、最後に双方に不可逆的な変化をもたらすという流れが繰り返される。この過程は最後にもう一度反復されるが、そこで抱擁を経た二人に起きる変化は、より「観客に開かれた」ものとなる。

三、「誰かと一緒に生きていく」未来へ 『ドライブ・マイ・カー』第二部における抱擁II

第三の家福とユナによる抱擁場面は、直後にはじまる演劇祭本番を撮影した場面のクライマックス、原作最終部のワーニャとソーニャの対話場面にあらわれる。まず確認しておけば、ここでも先のリハーサル場面と同様、最終的な抱擁そのものはすでに戯曲に書き込まれているものの、そのタイミングは映画での舞台とは異なる。また、抱擁に先行する視線の演出についての言及はない。[14]

映画では、原作の設定通り椅子に腰かけた二人が、しかし戯曲の設定とは異なる形でまっすぐ互いの瞳を見つめ合うことが、ソーニャの手話による感動的な長台詞の呼び水となる。[15] 彼女はまず、自らの弱さを直視したワーニャの「なんてつらいんだろう」という言葉と、彼女にまっすぐに向けられた視線に応答する形で、「仕方がないの、生きていくほかないの」と返答する。しかし、戯曲にも示された「間」[A pause] に、ワーニャが視線を下にそらし俯いてしまうと、ソーニャは、どこか北海道でのみさきを思わせる形で戯曲の指定よりも早く立ち上がり、背後からワーニャを抱擁する。そしてソーニャは、リハーサル場面でエレーナにしたように、ワーニャの身体を使いながら手話を伝えていく（図8）。

図8　ソーニャとワーニャの抱擁

この場面の素晴らしさをチェーホフが書いた台詞の質のみに還元することは到底できないだろう。まず指摘しておくべきなのは、二人の抱擁が、実際には二人だけのものではないという事実だ。当然ながら、まずワーニャとソーニャにはそれぞれ、自らの喪失と向き合い一歩を踏み出した家福とユナが重ねられている。加えて、ワーニャにはリハーサルの場面でユナに同じ構図で抱きしめられ、直前にこの場面を控室のテレビから凝視していることが示されてもいたジャニスと、もともとワーニャを演じるはずだった高槻もまた重ね合わされている。一方でソーニャには、テープに吹き込まれた音声を通じて音の存在が、そしてその音声を聴き続けるなかでソーニャへのある種の共感を育んだみさきが重ねられているだろう[16]。

そして、最後に本稿の観点からどうしても指摘しておきたいのが、ここで二人が同じ方向、観客席を見つめているという点である。ソーニャ役のユナが対話相手を背後から抱き寄せる構図は、先述したリハーサル場面を反復したものだった。しかし、そのシーンでは二人は、家福ら演技を見つめる仲間たちに対しては、背を向けていたのだった。そこで起きた「何か」を「観客に開いていく」こと。演劇の観客、そしてカメラを通して映画の観客をも正面から見据えることこそが、リハーサルで二人の演技にOKを出した家福が述べていた課題を解決する方法であった。さらに、ここでの抱き合う二人がとる姿勢は、前半の家福と音の抱擁から、女性の側のみを反転させた形にもなっている。この場面が真に感動的なものとなっているのは、死や別れの前兆となった、二人の断絶を強調した前半の抱擁が、わずかな姿勢の変化を通じて、希望を孕んだものへと移し換えられているからではないか。

このように本作を視線と接触という主題から捉え直してみたとき、改めて、二つの言葉が想起される。一つは、小津安二郎映画の視線演出についてかつて蓮實重彥が行った指摘だ。「親しいものたちが、並んで同じ方向に視線を投げ、同じ対象を視界におさめるとき、小津の作品には、きまって別れが、出発が、死が導入されるのだ[17]」。そしてもう一つが、『ハッピーアワー』の脚本改稿中の濱口が、演者全員にメールで伝えたという以下のメッセージである。「たとえ苦しくても、誰かと一緒に生きていくことが選択されるような映画が作れないものか」[18]。佐々木も述べるように、濱口の視線劇を、この小津の主題への抵抗の歴史として見直すことは、おそらくそれほど的外れではないだろう。劇中劇構造や主役の代演など、本作と多くの共通点を持つ『親密さ』では、並んで観客席を見つめる演者たちには、別れが待っていた。同様に、横並びでカメラをまっすぐに見つめるカップルの視線が印象的な前作『寝ても覚めても』の結末部においても、二人の未来は宙吊りにされていた。

本作でも、一方ではたしかに、演劇祭が終われば家福とユナには別れが待っている。しかし同時に、少なくとも劇中劇の内部においては、ワーニャとソーニャはともに生きる未来を選択しているように見える。一度正面から見つめ合った二人が再び同じ方向を見つめるとき、そこには単なる断絶にはとどまらない信頼関係が生起する。背中越しに同時に触れ合ってもいる二人の距離が育む新たな親密さが、小津的な別れの主題を引き継ぎつつも、同時に二人のまっすぐな視線を、「生きていきましょう」というソーニャ＝ユナの力強い言葉＝手話とも呼応する、共に生きる未来に向けた視線へとたしかに変貌させたのだ[19]。

注

（1）特に相手の目を見つめることの困難をめぐる濱口の試みは、彼の藝大時代の師でもある黒沢清が、教壇の蓮實重彦から聞いた「映画で、見詰め合った瞳を撮ることはできない」という言葉を克服することこそがプロの仕事なのだ、と自らに言い聞かせていたという逸話を想起させる。黒沢清＋蓮實重彦『東京から　現代アメリカ映画談義――イーストウッド、スピルバーグ、タランティーノ』青土社、二〇一〇年、一六五―一六七頁。

（2）この濱口におけるボックス席の特権的な重要性は、蓮實による小津安二郎映画の電車に関する指摘と興味深い対照をなしている。蓮實は、当時の横須賀線において向かい合った形のシートと隣り合う形のシートが混在していた事実を確認したうえで、小津がボックス席ではなく、『晩春』と『麦秋』の両方で、二人の人物をともにドアー脇の、窓に背を向けたシートに並んですわらせている」事実を重視している。蓮實重彥『監督 小津安二郎』筑摩書房、一九八三年、一九〇頁。

（3）Peter Bradshaw "Drive My Car review – mysterious Murakami tale of erotic and creative secrets," *The Guardian*, 14 Jul 2021. https://www.theguardian.com/film/2021/jul/14/drive-my-car-review-hamaguchi-murakami 関連して、広島滞在時の家福が仕事場からやや離れた瀬戸内の「島」に宿泊していた事実も参照。

（4）村上春樹の「木野」を参照した図1の場面で抱き合う二人が「座位の姿勢」を取ることは、脚本にも書き込まれた演出である。『シナリオ』二〇二一年一〇月号、四一頁。

（5）ベッドシーンと鏡の演出を結びつけ、行為中にも途切れることなく会話を行わせる本作での濱口の演出には、残念ながら音同様に不慮の死を遂げた映画監督、堀禎一からの影響が感じ取れるようにも思える。濱口は二〇一七年に堀映画の上映後トークショーに登壇した際に、ピンク映画を数多く手がけた彼に、ベッドシーンの撮り方について質問を投げかけてもいた。

（6）木下千花「やつめうなぎ的思考」nobodymag、「特集ドライブ・マイ・カー」https://www.nobodymag.com/interview/drivemycar/2.html

（7）村上春樹「ドライブ・マイ・カー」『女のいない男たち』文藝春秋、二〇一四年、四九頁。

（8）村上、同前、四九―五〇頁。濱口は本作のプレス資料におけるインタビューで、この劇中では読まれない箇所から受けた印象の強さに言及している。たしかに、演技と本心の区別をめぐるこの箇所は、演技経験のなかった『ハッピーアワー』ワークショップ参加者にとって、固有の意義を有するものだっただろう。

（9）村上、同前、五〇頁。

（10）佐々木敦「彼女は（彼は）何を見ているのか　濱口竜介論」『この映画を視ているのは誰か？』作品社、二〇一九年、二四四頁。

（11）原作では出会いの場面から助手席に座っていた家福は、映画でははじめ助手席への乗車をすすめられるも、それを断り運転席とは逆側の後部座席に座る。あたかも音との関係を反復するかのように、はじめ二人はバックミラーを通じて互いに覗き見合うことしかできない。しかし、次第に互いの仕事への向き合い方を認めるにつれて、家福の乗車する席は運転席の背後、そして助手席へと移っていく。

(12)ここで泣き言を繰り返す家福の情けないあり方には、彼のいわゆる「有害な男性性」をさらに強調する効果のほかに、村上春樹作品における典型的な中年男性像に対する批評的介入の要素を読み込むことも可能だろう。また、「でも」と「だから」という接続詞を多用するこの場面における家福の台詞は、明白に『ハッピーアワー』末尾の菊池葉月＝桜子、『寝ても覚めても』末尾の唐田＝朝子の長台詞を引き継ぐものであるが、最後に放たれる「でも」がネガティヴな結論を呼び込んでしまう点に、前二作の女性たちと比べた男性の不甲斐なさが凝縮されているように見える。前二作終盤の接続詞の使用を比較した論考としては、冨塚亮平「『寝ても覚めても』の方法」『ユリイカ』二〇一八年一二月号、七三―八一頁。および同論考に批判的に言及した、阿部嘉昭「唐田えりか、身体を主導する感覚のゆらぎ――濱口竜介監督『寝ても覚めても』について」『層――映像と表現』第一三号、二〇二一年、三三―五四頁を参照。

(13)親子ほども歳の離れた若い女性に抱きしめてもらうことで、ようやく中年男性が前向きな一歩を踏み出すという最後の抱擁でも反復される展開は、明らかに問題含みである。だが同時に、みさきの視点から見た場合には、これまで家福の指示や問いかけに反応する形で受動的に動くことしかできていなかった彼女が、はじめて自らの意思で彼に働きかけたという意味で、ポジティヴな変化を示すものと捉えることもできるだろう。

(14)戯曲では、抱擁はソーニャが最後のセリフ「あたしたち、息がつけるようになるわ!」を放つ直前に位置している。また、ソーニャに向かってワーニャが語りかけるセリフの手前には、「(ソーニャの髪を手で撫でながら彼女に)」と、視線ではなく身振りに対する演出が書き加えられている。アントン・チェーホフ『ワーニャ伯父さん／三人姉妹』浦雅春訳、光文社、二〇〇九年、Kindle版、位置1425、1403。

(15)目線の合致については言及されていないが、ここで家福が「ユナと向かい合う」ことについては脚本に明記されている。『シナリオ』前掲号、七二頁。

(16)このシークエンスにおける舞い踊るようなソーニャを演じるユナ＝パクの手、さらにはそれをいきいきとした表情で追うワーニャを演じる家福＝西島の瞳の動きの魅力は、本作の劇中人物のみならず、濱口の過去作と重なり合う要素をも含んでいる。二人の手と目が踊るダンスはそれぞれ、早逝したダンサー黒沢美香のワークショップを追った「Dance for Nothing」(二〇一三年)終盤の、正座した女性が手だけで踊るダンス、および『寝ても覚めても』終盤の、こちらも夭折した牛腸茂雄の姿と重ねられていたと思しき岡崎（渡辺大和）の瞳だけを動かす演技を想起させる。注5で言及した堀を含め、コロナ禍にあってこれまでになく死の主題を前景化させた本作は、劇中人物にとってだけではなく、あるいは監督の濱口自身にとっても、もはや会うことの叶わない人々への返答の要素とどこかで結びついているのかもしれない。

(17)蓮實、前掲書、一六八頁。

(18)濱口竜介・野原位・高橋知由『カメラの前で演じること――映画「ハッピーアワー」テキスト集成』左右社、二〇一五年、四二頁。

(19)かつて筆者は「『寝ても覚めても』の方法」で、同作の両義的な結末をあえて「たとえ苦しくても、誰かと一緒に生きていくこと」の選択と読み解くことを試みた。一方で、同作の両義性が劇中劇構造を利用した二重性へと移し替えられている『DMC』は、そうした恣意的な解釈を行わずとも、「彼かと一緒に生きていく」という選択を記録した映画となっていると判断できるように思える。

*本稿の図版は以下を除き『ドライブ・マイ・カー』濱口竜介監督、二〇二一年（DVD、TCエンタテインメント、二〇二二年）より引用。

【図1】『何食わぬ顔』（濱口竜介監督、二〇〇三年）

【図2】『THE DEPTHS』（濱口竜介監督、二〇一〇年）

インタビュー③　論考への応答

濱口《はまぐち》竜介《りゅうすけ》監督

インタビュアー：佐藤元状・冨塚亮平

「快進撃」を振り返って

――カンヌ国際映画祭、アカデミー賞をはじめ世界の映画祭を席巻した『ドライブ・マイ・カー』の快進撃から一年ほど経ちました。監督ご自身、このような世界的な大反響や評価について、いま振り返ってどのように感じられているでしょうか。また、その後の映画作りに何か変化があったでしょうか。

濱口　ありがたいことだと思っています。我々が想定していた以上の評価、世界各地への広がりがあり、純粋に驚きでした。それは、村上春樹さんの原作がもともと持っている物語、その世界の力だろうともすごく感じました。それがいま、自分の映画の作り方に影響を与えているかどうかは、まだわかりません。これからわかってくるものかもしれません。

——ご自身への注目や関心も高まり、周りの環境もさまざまな変化があったと思います。

濱口　米アカデミー国際長編映画賞をいただいた後は特に、取材をはじめいろいろなお声がけが随分増えました。その波が去るのをじっと待っていたような感じです。それも二〇二二年末ぐらいには落ち着いた印象です。『ドライブ・マイ・カー』への評価自体は本当にありがたいですが、その余波を受け過ぎないようにはしたいなと勝手ながら思っています。

——プラスの影響だけではない、ということでしょうか。

濱口　これまでは情報は自分の興味に基づいて、自分で求めていくものだったのが、単純に自分に向かってくる矢印が増えたとは感じています。自分の制作自体に関心を寄せてくれるものもあれば、単純に「受賞監督」を求めているのだろう、というものもある。自分が求めるものにとってのノイズは減らしていかないと、いたずらに時間が過ぎてしまうし、自分が何をしたいかがわからなくなってしまう。だからいまは基本的に、この数年できなかった読書とかをしながら、家でじっとしています。コツコツやっていける環境を作りたいですね。

――本書に収められた論考は、当初国際シンポジウムにおいてすべて英語で発表されたものです。その開催当日には、濱口監督からうれしいメッセージもいただきました。

この論集で、編者の我々は濱口監督の持つグローバルな視野に真摯に応答したい思いがあり、アジアを中心に多くの海外研究者からの論考を集めました。そのような試み全体について、まずどんなことをお感じになりましたか。

濱口　ごくシンプルに、うれしく思いました。映画というものはいろいろな広がり方をするわけですが、それに対して、きちんと受け止めて話す人がこれだけいてくれているとわかったのは、本当にありがたいことでした。世界各国から、論者の方々が自分の視点を持ち寄って語ってくださっていて、偏りのないものになっているように思います。論じられていることのなかには「そういえばそうだった」とか「そう見えるんだ」と思うものなどもあります。いろいろな人がこの一本の映画について語ることによって、映画だけでなく、それぞれの批評の個別性もまた浮き彫りになっているように感じますね。

自作の批評を読むというのは、独特な体験ですよね。それは、自分が一ファンとして鑑賞した作品の批評を読むのとは違います。舞台を観客席から観ているか、袖から観ているかでは、批評から受け取る意味は全然違う。普段は批評を読み過ぎないようにしていますが、今回は佐藤先生にシンポジウムの時点からご連絡もいただき、真摯に論じていただいているものとも思ったので、これは読まないといけない、と。自分としては、論者の皆さんそれぞれが、何とか自分にとって違和感がないようにこの映画と格闘しようとしている、取り組もうとしていることが読み取れて、そのこともこの映画と響き合うものがあるように感じられました。すごくありがたい一冊だと思います。

論考への応答

――具体的な議論に入っていきますが、まず、「ダブル」＝「分身」のテーマについてうかがいます。濱口監督の作品にはこのテーマが巧妙に埋め込まれていて、今回、D・A・ミラーさんもヒッチコックの〈ダブル〉の問題系とも絡めて論じています。この主題にこだわる理由というのは何かあるのでしょうか。

濱口　自分としては、そんなにこだわっている感覚はない、というのが第一です（笑）。ただもちろん指摘されてみると、そうかもしれないと思うことはあります。一番わかりやすいのは『寝ても覚めても』ですよね。本当にそっくりな二人の男が出てくる。そして、これは佐藤さんも論考で取り上げていましたが、それと向き合っている朝子という女性まで多重化してしまう。

もともとは、柴崎友香さんの原作を読んでごく単純に面白いと思いました。原作だとさらにいろいろな仕掛けがありますが、映画にすると、同じ俳優が演じるしかない。そして、映像記録としてはまったく同じ人を撮っているだけにもかかわらず、一方でこの物語においては、ある種の演劇的事態が起きています。つまり、誰が見てもまったく同じ人物なのにまったく違う二人として見ないといけない、という精神的労働を観客は課されるわけです。そのことはおそらく、映像（記録）にドラマ（フィクション）を掛け合わせることのみで可能になることです。

映像でフィクションを語ることの、かっこよく言うと「臨界点」みたいなところが、このダブルという問題――例えば一人二役をやること――のなかに浮き出てしまうというのがあると思います。さらに言うと、普段隠されていることですが、演技と演者の関係にも同じことが言えます。

演技、つまり演じられている役柄は、基本的にはまったくその演者自身とは関係ない別人格です。『ドライブ・マイ・カー』で言えば、西島秀俊さんは家福ではないし、三浦透子さんはみさきではない。にもかかわらず、そういうものだとして画面に現れて、観客もそれを了解しながら観ていく。それは演劇や映画でレベルの違いはあっても、演技全体に通ずるある種のおかしなこと、狂気とも言える。みんな自然に受け入れている、社会全体で遂行されている狂気です。そのことは常々、面白いことだと思ってきました。そのことがどういうことなのか、わかっているわけではないです。ただ、その面白さがあるからこそ、そういう主題を選んでしまうんだろうなと思います。

ミラーさんの論考について付け加えると、高槻と家福の関係性がヒッチコックの『見知らぬ乗客』(におけるガイとブルーノ)みたいだ、という指摘は、ああそうかと非常に思いました。そして、この論考は読んでいて、端的に感動しました。『ドライブ・マイ・カー』と、一人の研究者の人生がこのように出会ったんだということを感じさせるプレゼンテーションでした。

――ミラーさんは濱口監督のこの作品が本当に大好きで、自分の批評集のシンポジウムでも、最初から最後まで濱口監督の作品の話をしていたほどです(笑)。

濱口 何か、映画の優劣とはまったく関係なしに、一つの映画と一人の観客がこのように出会うことがあるのだというのを、まざまざと感じさせられました。ある意味で、ミラーさんは映画の作者である自分よりも、この映画と強いつながりを持っているのではないかと思いました。この批評が最初に載っているというのは自分としても納得がいくし、ありがたいと思いました。

――ミラーさんに続いて、斉藤綾子さんの論考が収められています。次の質問は、村上春樹「木野」をどう翻案するかという問題とも関わると思いますが、作品中、北海道の雪山でみさきと向き合った家福が放つ「正しく傷つくべきだった」という台詞に、斉藤さんは疑問を投げかけています。これについてどのようにお考えでしょうか。

濱口　斉藤さんは非常に真摯に論じてくださったというのが大前提ですが、この「読み」の可能性に関しては、すごく正直に言えば、自分はあまり想定していなかったものです。恥ずかしながら、そういう風に読めるのか、と公開後に気付かされるところがありました。というのは、脚本家としての自分が「正しく傷つく」と書いたそのとき、おそらく自分は、「(規範に照らして）正当に傷つく」という方向では書いていなかったからです。では、どういうニュアンスかと言うと、おそらくは「正確に傷つく」ということ、「自分はより正確に傷つくべきであった」ということを家福は言っている。そして、おそらく映画全体は「正当に傷つく」というよりも、こちらの読みを促すように構築されているのではないかと思います。

斉藤さんの論考でも、「濱口の映画は、それまでいわゆる『正しい』というような言葉とは少し立ち位置が違うところにあったように思う」と書かれていて、それは我が意を得たり、というところがあります。この映画そのものも、規範的なものに寄り添うことがよいことだという風には一切描いていない。いや、もちろん高槻が警察に逮捕されたりしているので、全面的にそうでないとまでは言えませんが。

この部分は「木野」から発想を得て書かれています。「女のいない男たち」を通して読んだとき、家福という人が向かう先は一体どういうものなんだろう、これを長編として展開したらどうなるだろう、と考えたとき、「木野」を読んだら、「ああ、ここに答えがあるじゃないか」という気持ちになりました。

「木野」では、「おれは傷つくべきときに十分に傷つかなかったんだ」と言っています。ただ、感覚的なものですが、映画化にあたっては、このセリフをそのまま普通に言ったらごく単純に「長い」という判断がある。もう少し凝縮できないかということになったとき、より端的に「僕は、正しく傷つくべきだった」としました。ここで起きているのは佐藤さんが高槻の台詞の、原作からの移し替えについて書いていただいたこととも通じる事態と思います。そのとき、なぜ自分が「正確に傷つくべきだった」と書かなかったか、――ちなみに、書いているときにそこまで意識・言語化をしているわけではないので、無意識的なものですが――その理由はすごくシンプルなものです。現状の流れで「正確に傷つくべきだった」と家福が言ったら、多くの観客がつまずくからです。おそらく八～九割の人が「えっ？　この後におよんで何をまだるっこしいことを言うの？」となるはずで（笑）、そこである種の折衷案として「正しく」という言葉遣いが選ばれている、のではないか。

この映画全体に即して、自分がそう読まれるように期待して書いていたのは、「正確に傷つくべきだった」というニュアンスのほうと思います。つまり、自分自身が本当はどういう人間なのか、一体どの程度のことが許容でき、あるいはできないのか、自分自身に関する見立てが甘かった、と彼は言っているわけです。

このセリフについて、そういえば英語字幕でどうなっていたろうと思って見てみたら、「properly」と訳されていました。この語には「適切に」「ふさわしく」という意味もある一方で「厳密に」「固有の」という意味もある。自分は事前に英語字幕もチェックしていて、修正の依頼はそれなりに出しているのですが、ここは特に引っかからずそのままスルーしています。今あらためて読み返して、難しいところをよく訳してくれたな、と感じています。この場での「正しく」という言葉に含まれている意味をまるっと解釈したうえでの「properly」なのではないか。つまり、「自己の必然性に沿って」「より自分自身にふさわしく」ということです。もちろん、じゃあその「自己」って、そんなに社会規範から切り離されたものなのか、という指摘もまたあり得ると思いますが、現状自分が言えるのはそんなところです。

ついでに言えば、「正しく」という言葉を選んだところに、この映画制作のある種の本質があるようにも思います。一個の作品として正確さを有しているか否か、ということにとどまらず、どうしたら今のこの日本で、このような映画を作ることが可能となるのかということに関する正確さ、みたいなものを求めた果てに、「正しく傷つくべきだった」という言葉が選ばれた。あとから振り返ると、そう思います。つまり、自分自身に嘘をつくこともなく、一方で、億単位のお金がかかった映画プロジェクトを、誰かの人生を狂わせることなく遂行するためには一体どうしたらいいかと吟味したとき、こういうところに落ち着くという一つの例が、この一言には現れているのではないでしょうか。この映画のなかには、そういうものがおそらくたくさんあるだろうとも思います。

――もともとの「正確な」という言葉を考えたときに、単に量的に十分であるというのともまた違うと思ったのですが、質的なものと量的なものと、どちらかに重点を置かれたというのはあるでしょうか。

濱口　量的なことこそ「正確さ」という観点からアプローチしやすいものだし、そもそも量と質は分けられないものです。量的な要素が整えられていったときに、質が変化してくる、ということが起こることもあるでしょう。おそらくそこはこの映画を作るうえで自分が何を持ち込んだかにも関わるところです。家福が作品のなかで手がけている演出はまさに正確さに関することで、それをずっとやっているわけです。「それではなくてこれなのだ」ということを彼はひたすら言い続ける。この映画、というか物語の面白いところとして自分が感じているのは、家福が、比較的距離のある他者に対してであれば適用できているような判断基準の「正確さ」を、自分の一番近しい人間に対しては適用できなかった。そして自分自身に対してもできなかった、というところなのだと思います。そこには、自分が原作を読んで拡大解釈した部分、もしくは何か介入した部分があるのだとも思います。

――濱口監督は二〇一八年にアンドレ・バザン生誕一〇〇周年のシンポジウムに登壇され、翌年バザン研究第三号に「曖昧な映画の書き手」を寄稿されています。今回、ロバート・チェンは論考でバザンの「演劇と映画」を軸に『ドライブ・マイ・カー』について論じています。これまでも濱口監督は演劇を取り入れた映画を多数手がけてきましたが、バザンの演劇―映画論にどういった印象をお持ちでしょうか。

濱口　チェンさんが論考のなかで引用されている箇所は、自分もバザンのシンポジウムで引用した「セリフそのものが演劇なのだ」という一文です。これはたしかにそうだ、ということをバザンの文章を読みながら思いました。セリフそのもののなかに、俳優を演出する力があると言い換えてもいいかもしれません。セリフはそれ自体、俳優に演技をさせてしまう力や指向性を持っている。ですから、セリフを言わせる限り、演劇と手を切ることはできないのです。どれほどセリフを短くしたとしても。例えば「撮影された演劇」を忌み嫌ったロベール・ブレッソンは、特に後期において台詞を非常に短くしていますが、その短さを通じて、台詞の演劇性そのものをできる限り切り詰めようとしている、とも言えるでしょう。ブレッソンもまた、セリフに備わっているある種の演劇性に自覚的でしたし、それと手を切れたわけではないでしょう。セリフを言わせるということのなかに、演出と演技の相互作用は凝縮されていて、そのことは、俳優が口にするときに必ず表現されてしまうものです。

　バザンは演出をしたことがないのに、どうして現場で起きている、この台詞の力学みたいなものを理解しているんだろう、と思ったのは記憶していたので、チェンさんとその点で交錯したのは面白いと思いました。バザンの「演劇と映画」は、決してわかりやすいものではなく、自分がこれについて語れることはありません。しかし、世間一般に流通している固定観念を一体どうやってひっくり返すことができるのか、ということをバザンはやり続けたのではないでしょうか。つまり、演劇と映画に関してこういう風に思われているけれども、そうじゃないんだ、というひっくり返しをずっとやっている。「じゃあ何なの？」という気持ちにさせられますが、バザンの批評を読むこと自体は、このように何か語れと言われない限りは、すごくスリリングで楽しいことだと思います。

村上春樹について

――濱口監督は村上春樹の『ねじまき鳥クロニクル』がお好きだとのことで、私（佐藤）もこの作品は二〇回以上読み込んでいます。今回の映画には、村上のいろいろな作品から要素がうまく折り合わされているなと感銘を受けました。あらためて、なぜ村上春樹なのか、またそのなかでもなぜ『ドライブ・マイ・カー』だったのでしょうか。

濱口　村上作品を深く読み込んでいるのかと言われたら、まったく心もとないというのが正直なところです。村上さんの書かれているものは、エッセイを含めると膨大で、もちろん網羅しているわけでもないし、複数回読んだものも限られています。ですから、佐藤さんのように深く読み込んできた方からそう言っていただけるのはありがたいことです。

なぜ村上春樹なのか、ということについては、プロデューサーの山本晃久さんによる存在が大きいです。山本さんはそれこそ村上を読み込んでいる人で、「濱口さんが映画化したら面白いと思うんです」と言っていただき、いくつかご提案いただいた作品を読んでみました。

他の場所でも述べたことがありますが、基本的に村上さんという作家は、小説の面白い部分を映画に移し替えるのが非常に難しい。なので、提案をいただいても「難しいですね」と答えていました。最初はおそらく『寝ても覚めても』の前に提案いただいたと思います。その『寝ても覚めても』が撮り終わった後に、このタイミングであれば村上さんの許諾も得られるのではないかということも含めて、現実味があるのではと山本さんに再提案される流れがありました。「ドライブ・マイ・カー」は前から読んでいたので、「あれは自分がアプローチできる物語である気がします」とこちらから逆提案したわけです。

なぜそう答えたかと言うと、一つは、村上さんの多くの長編小説のように、異世界に行く話ではない。すべて現実の中で起きる話であるからです。自分が置かれた制作環境は、異世界を造って見せられるほど潤沢な予算のあるものではないので、この題材なら撮りようがある、ということが第一です。もう一つは、単純に自分の関心と近かったことです。演じるということが取り扱われていて、他の村上作品よりも自分にアプローチできる取っ掛かりがあった。最後の一つは、みさきというキャラクターです。家福の面白さが、演技という主題を持ち込んでいるところにあるとしたら、みさきというキャラクターは単純に、実のあるキャラクターだと思ったんです。みさきは、知性の面でも家福を圧倒するようなところがあります。それが一体どういう来歴によるものかは明かされていないので、どこかファンタジーに陥る危険もあるけれど、映画全体が向かう先についての手掛かりのようなものは示されている。そして、彼女は仕事を遂行する人でもある。彼女のドライバーとしてのありようは、村上さん自身の文章の滑らかさと相まって、非常に魅力的でした。そしてこの、家福とみさきの間の真率な交流がある。これらの人物を描くことには抵抗はないという感覚が、自分がこの仕事に取り掛かるうえですごく大事なことだったと思います。

――すごく納得しました。一方で、村上さんの原作を使用することは、二〇二〇年代の観点からすると、やや古風と思われてしまうかもしれません。彼の世界観・ジェンダー観を作品内に持ち込み、それと対峙することはリスクともなり得ると思われますが、あえてそのリスクを選択したのは、どうしてなのでしょうか。

濱口 語りたいと思った物語の中に指摘されたような要素が含まれていた、ということに尽きますが、アプローチのしようはあると思っていました。第一に、自分のスタンスとして物語の登場人物がどのようなジェンダー観を持っていたとしても、基本的にそれはまったく問題ない。それはその登場人物がそう思っているだけで、「このキャラクターはそういうキャラクターなんだな。じゃあそれで？」と読み進めるだけです。もちろん、キャラクターも作品の部分ではあるので、作品全体とまったく関わりのないことではないですが、それがすなわち作品や作家の思想そのものを代表するものと自分は考えない。と言うか、自分も台詞を書く人間として、そんなことを思われては困る、というのが本音です。

そうは言っても物語構造上、女性を搾取的に使っている、という指摘があり得るでしょう。女性が男性に何かを与えていなくなってしまったり、神秘化されていたり、女性が男性を救済にやってくるとか、「そういう構造がある」と指摘されたら、まったくそうだろうと思います。

まず、村上さんの作品にそういう構造が見て取れるのは前提として、村上さんが書いていることというのは、ご本人のインタビューをある程度真に受ければ、「意識的に集めた夢や無意識の断片の再構成」なので、良くも悪くも村上さんが「どういう人間なのか」ということと密接に関わっている。村上さんという作家は、別に男女のありようにとどまらず、「こういう風にしか書けない」という境地で書いているはずです。自分自身に正直になったときに、ここを隠してしまっては書く意味がなくなってしまうからこそ、そのような表現になっている。もちろん、作品として世に出されている以上、そこに社会的な物差しをあてながら読むことはできるわけだけど、そこにあるものが人の無意識まで含めた「生」だと感じれば、自分自身はそういう風には読まない、というところがあります。さらに「意識的に集めた夢や無意識の断片の再構成」という観点から言うと、作品のなかで女性として表されているものが、そもそも本当に現実の「女性」であるのかも疑わしいですよね。それはたまたま女性の形を取ってしまった何か、という印象も読んでいてあります。ただ、じゃあなぜ女性の形をしているんだ、という指摘もされてしかるべきところもあるけれども、自分は読んでいて、そこまでは踏み込まなかった。

自分が考えていたのは単純に、自分がまったく同じような要素を与えられたら、自分は別様に展開するだろう、ということだけです。それが今回の映画化だったと言っていいでしょう。では、具体的にどうしているのかということは、実際の映画を観ていただくほかないとは思うのですが、一つだけ言うならば、自分の映画は、生身の俳優が演技をすることで物語が進んでいくものです。すごく一般的な物語映画の作り方ですね。そこでは俳優にとって「男である」「女である」ということは、演じるうえではまったく十分な情報ではない。その人物を構成している個別具体的な経験が一体どういうものであったのかを、俳優は想像的に構築していく必要がある。それがないと、演じることはできない、とまでは言わないけれど、ただセリフを言う以上のことはできなくなってしまう。

ただ、男であることや女であることは、個別具体的な経験の裏側に常に張り付いているはずなので、無視は決してできません。その上で、それだけでは映画を構成するには、俳優が演じるには、まったく不十分だと認識する必要があります。男性・女性にかかわらず、俳優はむしろカテゴライズを拒絶するような「固有の生」の現れとして見えることが最も望ましい。誰しも個別具体的な存在として見えなくてはならない。

もちろんこの物語は、中年男性が若い女性に救済されているかのような構造を持っている。「かのような」というのは果たして、本当にそこに救済があったかどうかに関して、自分が疑問を持っているからですけど、それはさておき、そう見えるであろう構造を前提として、自分は制作に臨んでいる。別の構造の物語を語ればいい、ということにはならない。物語というのは要素を総合したときに、必然としてこう展開せざるを得ない、というところがあるからです。そのときの自分の戦いというのは、限られた時間のなかで、どれだけ彼・彼女らが個別具体的な存在に見えるようにできるか、ということにかかっていたと思います。結果、どうであったかという判断は観客にお任せするしかない。ただ自分自身は、仮に「男と女が」「女が男を」という話としてまとめてしまうのは、個々のキャラクターたちに対して申し訳ないような気持ちにはなります。

誰より、演じる俳優それぞれが個別具体的な存在であるということをはじめ、彼らがつかみ取ったイメージ、像もかなり個別具体的なものであるからです。ジェンダー批評的にこの映画にアプローチした斉藤さんの論考においても、三浦透子さんの役柄に、おそらくは自分が個別具体性と呼んだものを斉藤さん自身が感じ取ってくださっているという印象を受けました。おそらく他のキャラクターも、何らかの形で個別具体性を発しているはずです。

もちろん、このアプローチはジェンダー的批評やフェミニズム的批評を無効化するものでは一切ありません。ただ、それだけでは一個の作品を語るには足りないことがおそらくあるだろう、というのは制作する側の実感です。なぜなら、繰り返しますが、単純に映画を作るとき、これは男、これは女、という要素の配置、即ち「構造」からのみ映画を作ることはおよそ不可能だからです。そして、制作もしくは作品を解体していくような批評の側にもおそらくまったく同じ課題があるはずです。なので、こちらはこちらでやれることをやる。そのうえで、それについての批評や審判を何らかの形で受けよう、と思っています。

演出、撮影について

――ここからは、具体的な演出、撮影についてうかがいます。『ドライブ・マイ・カー』の共同脚本は大江崇允さんで、映画冒頭に出てくる家福の妻・音《おと》が読み上げる「やつめうなぎ」のストーリーの原型を担当されています。本作でこのストーリーが登場人物たちに与える影響は、どこか大江さんの監督作『適切な距離』(二〇一一年)における、日記を通じた母と息子の不思議な交流を想起させるものがありました。

このパートについての経緯、また物語全体での位置付け、そして大江さんとの仕事について振り返っていただけますか。

濱口　経緯としては、山本プロデューサーが大江さんとずっと仕事をされていたことがあります。基本的に、脚本は脚本家と一緒に書いたほうがいいと思っています。もちろんプロデューサーも意見をくれますが、もう一人、創作者側の視点を持った読み手がいてくれるとありがたい、ということがそもそもありました。ご質問にあった大江さんの『適切な距離』も見ていて、ご自身も才能のある監督だというのは知っていました。自分は演劇に関してそれほど知らない、という認識がありましたし、演劇に関するリアリティをちゃんと教えてくれる人がいるとありがたいと思ったとき、大江さんが適任だということで入っていただいたわけです。

企画を具体的に進めることになり、その時点でロングプロットがかなり細かくできていました。映画化に際して「村上さんにこのことはお伝えしなかった」ということができるだけないようにしたかったからです。大江さんに入っていただいたのは、村上さんから許諾をいただいた後のことです。もともと映画を撮る予定だった釜山でのシナハン（脚本を書くための事前調査）を一緒に行きました。第一稿を書く際には大江さんが釜山の街から受けた印象を文章化していただいて、それを参考にしながら、釜山バージョンを書いたりした、という共同作業がありました。

今回の脚本について、書く実作業は基本的にほぼ自分がやっています。ただし、その前提として、創作には無限の可能性があるので、「こっちのほうに行ったらおかしい」というように、領域をあらかじめ狭めてもらう必要があります。その作業を大江さんに担っていただきました。特に演劇に関する描写は、大江さんがいなかったらもっと迷走していたでしょう。ですから、たとえ実作業は自分が担当していたとしても、その背景に大江さんが指し示した方向性があるわけです。

音が語るストーリーに関しては、まず、自分でない人間に書いてもらったほうがよかろうと思って、プロットの段階では空けておいた部分でした。ここをまず、大江さんにお願いして書いていただいて、「シェエラザード」をかなり踏襲したものを大江さんから受け取りました。そのときの結末は、最後に階段を上がってきたのは主人公のお母さんで、見つかったが見逃され恥辱を覚えた、という話になっていたと記憶しています。しかし、自分が書いている脚本では、高槻が話をすることによって、家福は高槻が音と寝ていたと確信するに至る構造がある。音の話の結末さえ知っていれば問題はないと言えばないけれども、全体の物語、特に音の人物像とよりうまく絡み合うように、後半部分に関しては変更させてもらって、終盤の高槻の語りがあります。

大江さんとの共同作業がどんなものだったかというと、先ほども述べたように、ある種の限定や方向性を与えてくれたことがあります。自分自身は、「シェエラザード」の話をそのまま持ってくるつもりはなかったけれども、大江さんが「これ」と選んだことでやつめうなぎのモチーフも入ってくるし、自分が想定していなかったほうに物語を連れて行ってもらえたように思います。

大江さんは今もたくさん脚本を書かれているし、ご自身の監督作もまた出てくるのではないかと思います。書く実作業はだいたい自分がしたと言っても、やはりどこかで監督的に、あるいは演出家的に、脚本の方向性をかなり細かに調整していたのは、実は大江さんだったのではないかという疑念を持っていますね。

――その方向性を決めていくプロセスというのは、無限の可能性のなかから二人で組み合わせを出し合って、このときはこうなったらいいか、よくないか、と確認し合うような作業なのでしょうか。

濱口　演劇の部分に関して言うと、具体的に、「こういう演出や、こういうワークショップの手法はおかしくないか」ということをよく相談していました。他の部分については、大江さんからのコメントは、基本的には背中を押してくれるものが多かった、という印象です。「大丈夫です、面白いです」

と。こういう言葉を、まさに無限の可能性のなかから作り上げた脚本に対してもらえるのは本当にありがたいことです。

例えばプロデューサーの観点から「もうちょっとこうなりませんか」「こういう場面があると予算的に無理なのでここはこうできませんか」という注文が入ることがあります。もちろんプロデューサーもそれだけを言うわけではありませんが、純粋にクリエーター的な目線から、「ここはこれで大丈夫です」と言ってくれる人が常にいたことの価値は計り知れません。それがあると、プロデューサーだって納得するわけです。「ここはこういう理由で必要な場面です」ということを、単に脚本を書いている人の主観的思い込みではなく、読み込んだ人が言ってくれるのはすごく大事なことでした。

——次に撮影についてお聞きします。これまで濱口監督は藝大時代から交流のある佐々木靖之さんや北川喜雄さんと繰り返しタッグを組んでこられましたが、今回ははじめて四宮《しのみや》秀俊さんを起用されました。同世代の作り手として以前から交流があったと思いますが、今回四宮さんと仕事をされた経緯と狙い、実際組んでみての印象はいかがだったでしょうか。

濱口　自分が一緒にやってみたかったということに尽きます。基本的に、一人のカメラマンだけに依存しないようにしたい、ということは常々思っています。佐々木さん、北川さん、また飯岡幸子さんとの経験も、それぞれ自分にとって素晴らしいものですが、一方で、カメラマンは映画において本質的な存在です。ある映画が素晴らしいのは、多分に撮影監督のおかげです。そのうえで、一人のカメラマンとの関係をずっと継続していると、例えば急にその人が病気になったらどうするの？という懸念があるわけです。その一方で、本当に才能のあるカメラマンでないと自分の映画では難しいとは思っていて、誰でもいいというわけではない。ですが依存したくはない、というのが大前提にあります。

四宮さんは一〇年以上前から知っていて、最初は佐藤央《ひさし》という同年代の監督の作品（『MISSING』、二〇一一年）のカメラマンとして出会いました。やさしい撮影をするなと当初から思っていましたが、決定的にすごいと思ったのは三宅唱監督の『きみの鳥はうたえる』（二〇一八年）ですね。すごいとは思っていたがやっぱりすごいと思い、次に誰とやりますかとプロデューサーの山本さんに問われたとき、「四宮さんとやってみたいです」と素直に言いました。そしてスケジュールも空いていたので、お願いできた。やった結果はごらんのとおりという感じで、また天才と会ってしまったという気持ちです。

先ほど「才能のあるカメラマンでないと難しい」と言ったのは、自分がカメラマンに二つのことを同時に求めるからです。一つは、役者をカメラの都合で動かしてほしくない。役者がどこで止まろうが、止まった位置でちゃんと受け止めてほしい。それは、照明を作る人やカメラマンにとって、かなり過酷な要求です。そして、それにもかかわらず、自分は非常にクラシカルなフレーミングをカメラマンに要求します。最終的にそのフレーミングが成立するようなところで構えておいてほしい。この二重のオーダーをこっちは出すわけです。これを成り立たせるには、俳優の動きとカメラの関係性をある程度予見できる能力がない限り無理です。そういう点で、映画もたくさん観ていないといけないし、基本的にこれができる人たちにだけ頼んでいます。

これまで一緒にやってきたカメラマンそれぞれが、素晴らしい特性を持っていると思っていますが、現場への柔軟な対応力で言うと、四宮さんは図抜けていたという印象です。俳優たち誰一人に対しても、「この位置でこうしてください」と言わない。もちろん自分は演出としてこういう風に動いてくださいと言うわけですが、その際に、カメラに配慮せず、動きを模索することができました。それであれだけの安定的な構図を撮っているわけですから、どれだけすごいことかと考えると言葉にできないところがあります。

撮影中、自分は基本的には俳優さんを見ているので、四宮さんの体はあまり見ていないんですが、実景、特に車を撮っているときは、四宮さんが撮っているさまを見たことがあります。そのときの、彼の身体の重心のありようがすごいなと思いました。身体がカメラの先の、しかもずっと遠くにある車と確かにつながっている感じがするのです。だからあそこまで安定して撮ることができるのだと思いました。被写体とカメラの間に、重心を構成するような空間把握能力が四宮さんにはあって、それは他の人が真似することが難しい能力だと思いました。

――本作ではこれまでの濱口作品とは異なりベッドシーンが複数登場しました。今回ベッドシーンを撮るにあたって気をつけた点や参考にした作品などありましたら教えてください。鏡の使用や行為中に会話が続く点などから、早逝された堀禎一監督の作品も頭をよぎりました。

濱口　堀監督については、『寝ても覚めても』のロケハンの最中に訃報を聞き、絶句したことを覚えています。おっしゃるとおり、家福と音の場面については、堀さんをかなり直接的な参照としている感じはありますね。堀さんの『夏の娘たち〜ひめごと〜』（二〇一七年）を観たとき、セックスシーンなんだけれども基本的にずっとしゃべっている。それを見て、こういう撮り方があるのかと思いました。会話シーンでたまたまセックスしているだけ、みたいな感じというのが存在するんだと思ったわけです。

基本的に、ベッドシーンはあまり面白くならないものだと思います。ポルノグラフィー的な意味で人を興奮させたりはできるとは思いますが、基本的には、映画としてそれを描いてもそんなに面白くならないというのが大前提としてあります。自分が撮らなかったのも、倫理的な理由というより、ごく単純に、そんなに面白くならないだろうというのが理由でした。でも、こういうやり方があるのかとわかったのはすごく大きな変化で、特に自分の映画では会話で物語を進めていくことが多いので、なるほど、単純に会話シーンだと思えばいいのかと。会話の中で人を動かすのは実は難しいのですが、セックスシーンというのは、会話をしながら人を動かすのが実はすごくしやすいわけです。なので堀さんの映画は、大きなヒントになりました。

映画において、成功しているセックスシーンはものすごく少ないと思っています。神代辰巳に『壇ノ浦夜枕合戦』（一九七七年）という作品がありますが、これは一〇分くらいずっとセックスしていて、ほとんどスポーツのような印象になり、段々とさわやかな気分になってくる。これを参考に、セックスシーンが映画の中で面白くなるとしたら結局、セックスとしての意味を離れたところにしか存在しないと思い至りました。

逆のパターンとしてセックスそれ自体を撮っている『愛のコリーダ』（一九七六年）がありますが、あれは俳優たち、藤竜也さんと、特に松田暎子さんが背負っているものがあまりに大きくて、それが直接的に画面に映ってしまっている。これは真似できないし、すべきではないと思っています。だとしたら、セックスだけどセックスじゃない、みたいなものを描くしかないと思ってやっていました。

一方で、単純に素肌が映るという、ある種の悦びみたいのはあるとは思っています。セックスシーンが面白くならないのは大前提として、素肌の魅力はこれからも、何か機会があれば映画の中に取り込んでいきたいと思っています。

——濱口監督の『不気味なものの肌に触れる』(二〇一三年)でも石田法嗣さんの背中を撮られていて、たしかにそのような魅力を感じました。

濱口　いや、おっしゃるとおりです。あの背中、いいですよね。

「正確さ」を追い求めて

——本作と『寝ても覚めても』では、登場人物が見つめ合う瞬間がいずれも強い印象を残す場面として演出されているように感じました。黒沢清さんもしばしば紹介されていた、蓮實重彦さんの「映画で、見詰め合った瞳を撮ることはできない」という言葉をどこかで意識されている部分もあるのでしょうか?

濱口　はい、それはバリバリあります、という答えに尽きるというか(笑)。あまりに有名なテーゼで、一度その言葉を知ってしまうと、常にどこかでそのことを考えざるを得ません。

と言うのは、これは個人の感想などではなく、映画というメディアの限界みたいなものを指摘しているからです。つまり、映画というのがどういうメディアなのかという輪郭をこの一言で与えてくれている。一方で、そのメディア特有の面白さは、メディアの限界の周辺にしか立ち現れないのではないかという気もしています。なので、このテーゼはすごく意識している、というかせざるを得ない、というのが実感です。とはいえ、意識していようが所詮できないのだからという割り切りもあり得るし、どうしたらいいかなと常々考えています。いや、考えないようになるべきなのかもしれませんが、それでも考えてしまう。

今日の話の流れで言うと、このことを指摘した蓮實重彥さん、そして先ほど出てきたバザンの批評には、制作現場の経験がないのになぜそんなことが言えるのだろうということがあまりに多い。それはこの方たちが本当に映画を「見て（聞いて）いる」からです。特に蓮實さんの文章は、我々の世代に映画の作り方そのものを与えてくれました。それは彼の言葉のとおりに映画を作る、という意味合いでは一切なく、見ることと撮ることとの本質的な近さを、つまり映画を見ることがそのまま映画を作るための方法・レッスンになり得ることを、蓮實さんの批評が教えてくれた、ということです。だからこそ、我々は撮影所が崩壊した後の、こんなに不毛な映画制作環境のなかでも何とか映画を撮ることができているんだと感じています。このことは、いくら強調してもし過ぎることはないように思います。

――本書のもととなるシンポジウムの途中、「サーブ900はなぜ赤なのか」が少し話題に上りました。濱口監督はこれについて、「原作どおり黄色いサーブを工場に見に行ったところ、劇用車会社の人が偶然乗り付けてきた車が赤いサーブ900で、それがカッコよかった」旨を発言しておられます。この赤という色には「広島カープ」へのリスペクトが込められている、という解釈を見たことがあるのですが――。

濱口　もともと釜山で撮ろうと考えていたときから赤だったので、広島カープはあまり関係ないのですが（笑）、おっしゃったとおりのエピソードで決まったものです。

その工場での偶然もそうだし、『ドライブ・マイ・カー』は他にもいろいろな偶然に助けられてできた映画です。そして、自分としては「これだけ偶然が重ならないとこのようなクオリティの作品にはならないのか」ということを常々思っているところです。

「このようなクオリティ」とは何かというのは難しいですが、少なくとも、自分はいま再現性を持って、これくらいの映画はいくらでも作れますよ、という状態ではない、ということです。偶然というのは自分にとって本質的なもので、偶然がなければ望むような映画にならないのは大前提なのですが、それをよりよい形で迎え入れるためにも、偶然に頼らなくても最低限、このクオリティの映画を作れるような力を、本作のスタッフ・キャスト一同が身につけて、また一緒に仕事ができると一番幸せなことだなと思っています。

今後どうしていくかという話にもつながりますが、やはりごく単純に、何らかの形で技術を磨くことが大事だと思っています。自分の場合は、機材がよくなるとか、いい美術、いい照明機材が手に入るといったことよりも、判断基準の精度を上げていくことのほうが大事ではないかという気がしています。映画監督にとっては基準を持つことがそのまま技術になります。

――ありがとうございました。最後に、いま構想されていること、これからどういったものを撮りたいとか、もし何かありましたらお教えください。

濱口　繰り返しになりますが、小さなことからコツコツと、ということに尽きると思います。バットを短く持つ、というか。今回、いろいろな偶然に助けられたことによって、かえって自分自身の至らなさや、基礎的な力不足を、感覚・能力など含めて感じました。その精度を上げていく必要を感じています。そのためには、試行回数を増やさなければならず、それは大規模な現場ではなかなかできません。ですから、より小規模な現場のほうに、自分の未来を感じているのが現在です。

（二〇二三年一月一三日、オンラインにて収録）

おわりに

冨塚亮平

そもそもすべての発端となったのは、二〇二一年一〇月三〇日にZoom上で開催された、D・A・ミラーの新著 *Second Time Around: From Art House to DVD*（二〇二一年）をめぐる出版記念イベントだった。当日、新著の話題とほとんど変わらない熱量で、観たばかりの『ドライブ・マイ・カー』について実に楽しそうに語る、画面上のミラー氏の姿に佐藤や私が感化されたことが、その後のシンポジウム開催と本書刊行の直接のきっかけとなったのだ。

正直に言えば、当日は一人の聴衆にすぎなかった私は、その時点でまったく面識のなかった佐藤先生から、その後突然国際シンポジウム開催のお誘いを受け、書籍化の野望を伺った時点では、コロナ禍の状況下でそのような大規模なイベントや出版が簡単に実現できるものなのか、半信半疑であった。しかし、直接対面することなくWEB会議を重ねるうち、あれよあれよと言う間に開催が決定したシンポジウムは盛況に終わり、その熱狂も冷めやらぬまま、今度はすぐに書籍化の企画が進行していった。そして、きっかけとなったイベントから約一年半後の今、本書は本当に完成しようとしている。

なによりもまず、ミラー、佐藤両名の『ドライブ・マイ・カー』への情熱がなければ、たった一本の映画をめぐって各国の執筆者が激論を交わす、このような本が出版されることは決してなかっただろう。だが、これまでの本書の編集過程を振り返ってみて、同時に改めて強調しておきたいのは、そもそも濱口竜介の映画こそが、作品についてどうしても何か書きたい、話したい、そして、誰かと思う存分映画について語り合いたいという強烈な衝動に駆られた観客たちを、数多く生み出してきたという事実だ。

思い返せば、はじめて濱口映画、そして監督と出会った際の私の反応もまた、本書へと結実したミラーや佐藤の興奮と同様に(?)、どこか尋常ではない要素を含んでいたように思う。今から一〇年前、二〇一三年にはじめて『親密さ』に触れた私は、すぐに長文の感想を認めると、その後ことあるごとに友人たちに、同作から受けた衝撃について語り続けることとなった。そして、同年建築家の藤原徹平が主催し、同じく建築家の中山英之と濱口が登壇した『PASSION』をめぐるトークイベントを観覧した際には、二時間ほどの刺激的な対話の続きをどうしても聞きたいと思うあまり、会場に知人すら一人もいなかった私はいつの間にか、登壇者三名だけで行われるはずの打ち上げに同行し、四人で卓を囲んでいた(もはやどなたも覚えておられないとは思いますが、その節は大変失礼しました)。

そう、ミラーの原稿タイトルにもあるように、濱口映画は人を狂わせるのだ。本書に収められた九名の論考を読めば、世界各国の書き手たちが、それぞれに異なる方向から『ドライブ・マイ・カー』にどのように触発され、感銘を受けてきたのか、こう言ってよければ、彼(女)らがいかに『ドライブ・マイ・カー』に狂わされたのかが、ありありと伝わってくるに違いない。本書が『ドライブ・マイ・カー』に、そして濱口映画に狂わされる新たな犠牲者を生み出すきっかけの一つとなることができるならば、共編著者としてそれ以上の喜びはない。

最後に、一言だけ。シンポジウム運営と書籍化にご協力いただいた関係者の皆様、発表・執筆に参加いただいた各国の先生方に改めて感謝申し上げるとともに、一人でも多くの執筆者の方々と今後直接お会いできる日がやってくることを祈りつつ、筆を擱くこととしたい。

二〇二三年三月　於　サンディ・ベイ、タスマニア島、オーストラリア

【編著者】

佐藤元状（さとう・もとのり）

慶應義塾大学教授。英文学者、映画研究者。著書に『グレアム・グリーン　ある映画的人生』（慶應義塾大学出版会、2018年）。

冨塚亮平（とみづか・りょうへい）

神奈川大学助教。米文学、文化研究者。共著に『よくわかるアメリカ文化史』（ミネルヴァ書房、2020年）。

【著　者】

D・A・ミラー（D. A. Miller）

カリフォルニア大学バークレー校名誉教授。英文学者、映画批評家。著書に *Hidden Hitchcock* (The University of Chicago Press, 2016)。

斉藤綾子（さいとう・あやこ）

明治学院大学教授。映画研究者。編著に『映画と身体／性』（森話社、2006年）。

ロバート・チェン（Ru-Shou Robert Chen）

国立政治大学（台湾）教授。映画研究者。共書に『穿越幽暗鏡界　台灣電影百年思考 』（書林出版、2013年）。

ファン・ギュンミン（Hwang Kyun Min）

明治学院大学研究員。映画研究者。共著に『韓国女性映画　わたしたちの物語』（河出書房新社、2022年）。

メアリー・ウォン（Mary Shuk-Han Wong）

嶺南大学（香港）准教授。作家、比較文学研究者。 著書に『香港影像書寫　作家、電影與改編』（香港大学出版社、2013年）。

藤城孝輔（ふじき・こうすけ）

岡山理科大学講師。映画研究者。共著に『映画とイデオロギー』（ミネルヴァ書房、2015年）。

伊藤弘了（いとう・ひろのり）

映画研究者＝批評家。熊本大学准教授。著書に『仕事と人生に効く教養としての映画』（PHP研究所、2020年）。

『ドライブ・マイ・カー』論

2023年4月10日　初版第1刷発行

編著者――――佐藤元状・冨塚亮平
発行者――――大野友寛
発行所――――慶應義塾大学出版会株式会社
〒108-8346　東京都港区三田2-19-30
TEL　〔編集部〕03-3451-0931
〔営業部〕03-3451-3584〈ご注文〉
〔　〃　〕03-3451-6926
FAX　〔営業部〕03-3451-3122
振替　00190-8-155497
https://www.keio-up.co.jp/
装　丁――――李 潤希
印刷・製本――中央精版印刷株式会社
カバー印刷――株式会社太平印刷社

Printed in Japan ISBN 978-4-7664-2881-0